JN437647

간단·다양한 쉬운 **영어**

회화·작문 실력늘리기

Jonghap Books

최용훈

가톨릭 관동대학교 영어교육과 교수로 재직 중이며 문학 · 연극평론가로서 활발한 연구와 강연활동을 하고 있다. 한국영미어문학회 회장을 역임한 필자는 KBS 국제방송 영문시사논평(Vol. Ⅰ~Ⅶ)을 비롯, 인문학서 '생각거리 36', '위대한 치유력 셰익스피어 인문학', 헤럴드 블룸의 '교양인의 책 읽기', '페미니즘 희곡선' 등 다수의 저서와 역서를 집필했다. 영어교재로는 '실용영작문 테크닉', '영어원리의 이해', '타임 · 뉴스위크 독해관용어 연구', '영어로 만나는 세계명언', '오바마 vs. 힐러리 스피치', '미국대학 졸업축사 명연설문 영어읽기'등이 있다.

간단·다양한 쉬운 **영어**

회화·작문 실력늘리기

발 행 일 2020년 11월 16일(초판 1쇄)
저 자 최용훈
발 행 인 문정구
발 행 처 종합출판 | EnG
출판등록 1988. 6. 17 제 9-175호
주 소 04002 서울시 마포구 월드컵북로5길 65(주원빌딩 4층)
홈페이지 www.jonghapbooks.com
전자메일 jonghap@jonghapbooks.com
대표전화 02-365-1246
팩 스 02-365-1248

ISBN 978-89-8099-730-5 13740

이 도서의 국립중앙도서관 출판예정도서목록(CIP)은 서지정보유통지원시스템 홈페이지(http://seoji.nl.go.kr)와 국가자료공동목록시스템(http://www.nl.go.kr/kolisnet)에서 이용하실 수 있습니다. (CIP제어번호 : CIP2020046113)

영어회화와 작문 실력을 늘리기 위해서는 우선 기본 동사와 전치사가 결합된 의미를 이미지화해서 이해하는 것이 중요합니다.

이 책에서는 영어를 통한 커뮤니케이션에 있어서 특히 중요한 기본 동사 11개와 전치사 9개를 가지고, 이들의 기본 이미지와 그 확대된 의미를 체계적으로 이해할 수 있도록 구성해 놓았습니다.

기본 동사와 전치사의 관계는, 영어를 수단으로 하는 커뮤니케이션에 있어서 '두 개의 바퀴'와 같은 존재인 것이죠. 즉, 이 두 개의 바퀴가 축이 되고 거기에 형용사와 부사가 작용하여 보다 더 폭넓은 의미를 표현할 수 있다는 것입니다. 영어를 모국어로 하는 사람들이 일상생활에서 간단한 영어만으로 의사소통을 할 수 있는 것은 그들이 〈기본 동사+전치사〉로 만들어 내는 영어사용 감각을 완벽하게 몸에 익히고 있기 때문입니다.

이 책에서는 기본 동사와 전치사, 그리고 아주 기초적으로 필요한 형용사, 부사, 명사, 대명사가 알기 쉽게 해설되어 있습니다. 또한 앞에서 배운 내용을 토대로 한 600개가 넘는 실용적인 용례를 문제 형식으로 꾸며, 이를 통해 순발력과 실전력을 키우고 관용어구와 중요 표현을 단시간에 터득할 수 있도록 구성되어 있습니다.

한편 TOEIC 등과 같이 영어 커뮤니케이션 능력을 중시하는 시험들도 〈기본 동사+전치사〉를 중심으로 하는 문제로 구성되어 있다고 해도 과언이 아닙니다. 이 책에 제시된 다양한 문제들을 다루다 보면, 〈기본 동사+전치사〉가 만들어 내는 이미지를 이해할 수 있어서 영어의 원리를 알게 되고, 이로 인해 청취와 회화에도 도움이 되리라 확신합니다. 따라서 이 교재를 학습하고 나면, 결국 영어 단어와 숙어를 단순하게 암기만 하는 것이 아니라 근본적인 이미지와 그 연상 작용을 통해 체계적으로 이해할 수 있기 때문에 결국 이러한 유형의 시험을 보려는 사람들에게도 유익한 교재가 될 것입니다.

최용훈

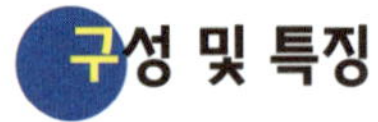

영국의 오그덴, 리차드 두 언어학자는 「Basic English」라는 그들의 저서에서 일상회화의 95%가 쉬운 단어들(little words)로 이루어진다고 지적했다. 이것은 상당히 설득력 있는 주장이다.

이 교재는 위의 두 언어학자의 이론을 바탕으로 하고 있다고 해도 별 무리가 없을 것이다. 그 중에서도 영어의 뿌리가 되는 11개의 기본 동사와 9개의 중요 전치사, 그리고 흔히 사용되는 형용사 · 부사 · 명사 · 대명사의 기본 용법과 그 쓰임을 중점적으로 다루고 있다.

본 교재는 모두 3개의 part로 나뉘어져 있는데, 각 Part에 대한 내용은 다음과 같다.

Part I : 모두 12개 단원으로 동사 go, come, have, keep, do, get, make, let, take, give, put과 전치사 in, on, by, for at, to, with, from, of 그리고 형용사, 부사, 명사, 대명사의 기본 용법을 자세하게 설명해 두었다. 또한 학습한 내용을 바로바로 테스트할 수 있게 단원마다 Exercise를 실어 놓았다.

Part II : 모두 14개 단원으로 주어진 우리말을 보고 영어 문장을 완성시키는 빈칸 채우기 문제형식으로 구성되어 있다. Part I 에서 배운 사항을 복습하는 기분으로 학습하면 된다. 독해 형식이 아니라, 영작 형식이라는데 초점을 맞추고 문제를 풀어보도록 하자.

Part III : 모두 20개 단원으로 Part I 의 복습을 겸한 총 점검편이며, 주어진 우리말을 영어로 바꾸는 문제들로 구성되어 있다. 한 단계 더 나아간 이런 문제들을 접해봄으로써 영어 회화나 영작에 어느 정도 자신감을 가질 수 있을 것이라 믿는다.

Contents

PART 1

• 영어 회화 · 작문을 잘 할 수 있는 기본 포인트 •

동사 go, come, have, keep, do, get, make, let, take, give, put과 전치사 in, on, by, for, at, to, with, from, of와, 그리고 형용사, 부사, 명사, 대명의 기본 용법을 자세하게 설명해 두었습니다.

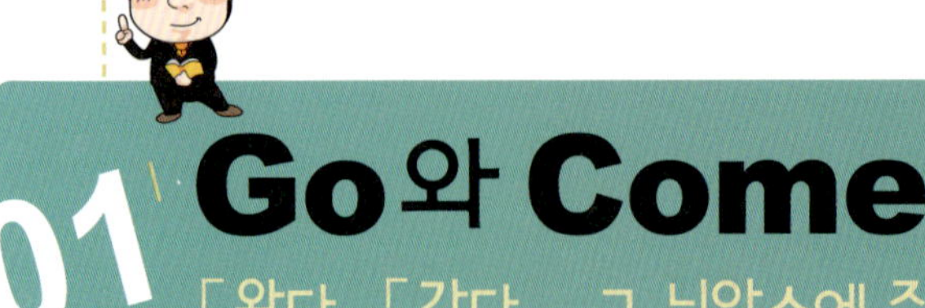

01 Go와 Come

「왔다」「갔다」, 그 뉘앙스에 주의하자

go에는 「가다, 무너지다, 사라지다, 진행하다, 움직이다, 작동하다」 등 여러 의미가 있다. 이 밖에도 Eggs *go* rotten.(달걀이 썩다.)에서처럼 「(바람직한 상태에서 바람직하지 않은 상태)가 되다」라는 의미도 있다. 이들 의미에서 알 수 있는 go의 이미지는 「이쪽에서 *저쪽으로* 이동하는 움직임」이다.

또한 be *going* to ~는 「…할 생각이다, …하려 하다」의 뜻으로, 미래를 나타내는 조동사 대신에 자주 사용된다.

come에는 「찾아오다, 나타나다, 일어나다」 외에도 「(어떤 상태)가 되다」라는 의미가 있다. 예를 들면, 「알게 되다」라는 표현이 become to know가 아니라 *come* to know인 것이다. 이런 의미에서 알 수 있는 come의 이미지는 「저쪽에서 *이쪽으로* 이동해 오는 움직임」이다.

그 외에도 *come* across는 「…를 우연히 만나다」, *come* about는 「일어나다, 발생하다」, *come* on은 「자!, 이리 와!」 등 자주 쓰이는 관용어구들이 많다.

하지만 많은 사람들이 go를 「가다」, come을 「오다」로만 암기하고 있기 때문에 간단한 일상 회화에서조차 자칫 실수를 하기 쉽다.

go의 기본 개념은, 말하는 이를 기준으로 하여 하나의 기점에서 멀어져

가는 움직임, 또는 '이쪽에서 저쪽으로 멀어져 가는 움직임' 이다. 이에 반해 come의 기본 개념은, 어떤 목표를 향해 다가가는 움직임, 또는 '저쪽에서 이쪽으로 다가오는 움직임' 이다. 즉, come에는 「(말하는 사람 쪽으로) 오다」, 「(듣는 사람 쪽으로) 가다」라는 기본 개념이 있다.

A와 B가 전화로 다음과 같은 대화를 하고 있다고 생각해보자.

A: 빨리 와.
B: 알았어. 되도록 빨리 갈게.

영어로 하면 이렇게 된다.

A: Please come immediately.
B: OK. I'll comc as soon as possible.

B가 A에게 「갈게」라고 대답할 때, come을 쓰고 있다는 것에 주의하자. 그러면 다음은 어떻게 되겠는가」「와서 밥 먹어라」나 「전화 받아라」라는 말의 대답으로 「지금 가요」라고 대답할 때, 영어로는 어떻게 해야 할까?

- I am coming. (또는 Coming.)

이것이 정답이다. 우리말 해석대로 하면, "I'm going."이나 "I'll go."라고 잘못 말하기 쉽다. 하지만 「가다」라는 단어가 있다고 해서 go를 써야 한다는 고정관념은 이제 버리자.

편지를 쓸 때도 이와 비슷한 상황이 자주 발생한다. 예를 들면 미국에 있는 친구에게 「다음 주 일요일에 그 곳으로 갈 예정이다」라고 할 경우의 예를 들어보자.

- I'll come there next Sunday.

이 문장에서도 역시 come을 쓴다. 즉, 말하는 사람과 듣는 사람 사이를 「왔다 갔다」할 때는 둘 다 come을 쓴다고 기억해 두면 된다. 두 사람 사이가 아닌 다른 곳으로 「가다, 가버리다」의 경우에는 물론 go가 된다. 다음 대화를 보자.

A: I'm going to the movie this Sunday. Would you like to come with me?

B: I'd love to.

A: Then, let's meet Sunday morning.

B: OK. Shall I come to your house, or will you come to mine?

A: I'll come to you.

A: 이번 일요일에 영화 보려고 하는데 같이 갈래?
B: 그래, 가고 싶어.
A: 그럼 일요일 아침에 만나자.
B: 좋아. 내가 너희 집에 갈까? 아니면 네가 우리 집에 올래?
A: 내가 너희 집으로 갈게.

이처럼 회화에서는 go와 come이 빈번하게 사용된다. go＝「가다」, come＝「오다」라는 잘못된 고정 관념을 깨뜨리는 것이 자연스러운 영어를 익히는 첫걸음이라고 할 수 있다.

Exercise • Go •

주어진 우리말을 참고하여 (　　) 안에 적절한 단어를 넣어 영문을 완성하시오.

① 정말이야? 그거 너무 심하다.
Really? That's going (　　) far.

② 그는 일부러 나를 배웅해 주었다.
He went out (　　) his way to see me off.

③ 이 넥타이는 이 양복에 어울리지 않는다.
This tie doesn't go (　　) this suit.

④ 그는 한 시간 정도 이야기를 계속했다.
He went (　　) for about an hour.

⑤ 나는 네 말에 찬성할 것이다.
I'll go (　　) with you.

⑥ 당신은 사임까지 한 것입니까?
Did you go (　　) far as to resign your position?

Answers

① **too** / go too far 「도를 넘다, 지나치다」 ② **of** / go out of *one's* way to *do* 「일부러 …하다」 ③ **with** / go with 「…과 조화하다, 어울리다」 ④ **on** / go on 「이야기를 계속하다」 ⑤ **along** / go along with 「…에 찬성하다, 동조하다」 ⑥ **so** (또는 as) / go so[as] far as to *do* 「…까지 하다, …할 만큼 극단적이 되다」

주어진 우리말을 참고하여 (　　) 안에 적절한 단어를 넣어 영문을 완성하시오.

① 그녀는 정신을 차리고는 멋쩍은 듯이 주위를 보았다.
She came (　　) and looked around embarrassedly.

② 심리학에 관한 새로운 책이 출판되었다.
A new book on psychology has come (　　).

③ 콘서트는 내 기대에 미치지 못했다.
The concert didn't come (　　) to my expectation.

④ 어떻게 그렇게 큰돈을 손에 넣었습니까?
How did you come (　　) such a large sum of money?

⑤ 미니스커트가 또 다시 유행하고 있다.
Miniskirts are coming (　　) again.

⑥ 새들은 매년 봄에 한국을 찾아온다.
The birds come (　　) to Korea every spring.

Answers

① **to** / come to 「정신이 들다, 의식을 회복하다」 ② **out** / come out 「출판되다, 나타나다」 ③ **up** / come up to 「…에 도달하다, (기대에) 미치다」 ④ **by** / come by 「…을 손에 넣다(=get)」 ⑤ **in** / come in 「들어가다, 유행이 되다, (선거에서) 당선하다」 ⑥ **over** / come over 「찾아오다, 멀리서 오다」

다음 문장을 해석하거나 영작하시오.

① I told her to go on with her homework.

② My watch goes a little fast.

③ 내 시력이 약해지고 있다. (go를 써서)

④ This comes first.

⑤ What will come of this?

⑥ 꿈이 실현되리라고 믿는다. (come을 써서)

Answers

① 나는 그녀에게 숙제를 계속하라고 말했다. ② 내 시계는 약간 빠르다. ③ My eyesight is going weak. ④ 이쪽이 먼저입니다. ⑤ 이제 이것은 어떻게 될까? ⑥ I believe that dreams will come true.

02 Have와 Keep

「가지다」와 「지키다」의 감을 잡자

have의 의미를 「가지다」라고만 알고 있는 사람이 많은데, have의 기본 개념은 「가지고 있다」라는 '소유'와 「있다」라는 '존재'이다. 이렇게 개념을 잡고 있으면 이해하기가 더 쉬울 것이다.

예를 들면, This room *has* three windows.는 「이 방에는 창문이 세 개 있다」, *A* year *has* twelve months.는 「1년은 열두 달이다」이라는 의미이다. 「…이 있다」를 생각하면, 먼저 There is ~ 구문이 떠오를 지도 모르지만, have를 쓰면 더 간단하게 표현할 수 있다. have야말로 영어다운 발상의 가장 기본이 되는 단어라 해도 지나친 말이 아닐 것이다.

have의 이런 개념을 익혀 두면, She *has* a nice smile.(그녀의 미소는 멋있다.)이라는 표현도 바로 나올 수 있게 된다.

'소유'와 '존재'의 개념으로 얼마나 다양한 표현이 가능한지 살펴보자.

- My mother has a good memory.
  어머니는 기억력이 좋으시다.

- That school has ten thousand students.
  그 학교에는 학생이 만 명 있다.

- She has blue eyes and black hair.
  그녀는 눈이 푸르고 머리카락이 검다.

- I have a stomachache.
  위가 쓰리다.

- How many brothers do you have?
  형제가 몇 명입니까?

- Do you have the time?
  지금 몇 시입니까?

이처럼 〈have + 명사〉로 아주 다양하게 표현할 수 있다. 이 밖에도 *have* a cup of coffee 「커피를 마시다」, *have* a bath 「목욕하다」, *have* a talk 「이야기하다」, *have* a shock 「충격받다」 등, have 동사는 뒤에 오는 명사에 따라 「먹다, 마시다, 경험하다, 즐기다, 개최하다」 등 여러 가지 의미가 되는 굉장히 쓰임새가 다양한 동사이다.

또한 *have* to do 「…해야만 한다」, *had* better do 「…하는 편이 낫다」라는 표현이 가능하다. 한편 〈have + 목적어 + 과거분사〉의 형태를 취할 때의 have는 사역동사로서, 「…하게 하다, …시키다」라는 중요한 표현이 된다. have를 잘만 이용하면 영어 실력이 훨씬 더 향상될 것이다.

keep은 have에 시간적인 범위가 부가된 것으로, 「가지고 있는」 상태를 「지키다, 계속하다」라는 의미이다. *Keep* your word.(약속을 지키시오), *Keep* this in mind.(이 점을 기억해 두시오.) 등에서 keep이 가지는 의미의 뉘앙스를 느낄 수 있을 것이다. 다음의 예문을 살펴보자.

- How long can I keep this CD?
  이 CD를 얼마 동안 빌릴 수 있습니까?

- I keep all kinds of medicine on hand.
  나는 모든 종류의 약을 상비하고 있다.

- She kept a diary when she was a schoolgirl.
  그녀는 학생이었을 때 일기를 썼었다.

• I keep my room neat and tidy.
나는 내 방을 항상 깨끗하게 정돈해둔다.

위의 예문들은 전부 「어떤 상태를 유지하다」라고 하는 시간적인 범위를 느낄 수 있는 예문들이다.

행위의 '지속'을 keep으로 표현할 때는 〈keep + ~ing〉 형태를 취한다.

• I kept standing for an hour.
나는 1시간 동안 계속 서 있었다.

• She kept me waiting.
그녀는 나를 계속 기다리게 했다.

「지키다, 유지하다」의 의미가 확대되어 「경영하다, 관리하다」라는 의미도 있다.

keep 동사가 있는 문장을 해석할 때는, 「…하지 마라, …하지 않고 있다」라고 부정으로 해석하는 게 좋을 때가 많다. 예를 들면, *Keep* off the grass.(잔디밭에 들어가지 마시오.), *keep* awake(자지 않고 있다), 야구나 테니스 등의 구기 종목에서 자주 듣게 되는 *Keep* your eyes on the ball.(공에서 눈을 떼지 마라.) 등이 그렇다.

주어진 우리말을 참고하여 (   ) 안에 적절한 단어를 넣어 영문을 완성하시오.

① 나는 사진 찍는 것을 좋아한다.
I love to have my picture (   ).

② 너는 그것을 기록하기만 하면 됐었다.
You had only (   ) write it down.

③ 그는 그 사건과 다소 관계가 있다.
He has something (   ) do with the case.

④ 그 책을 다 읽으면 돌려줘.
Give the book back to me when you have done (   ) it.

⑤ 그녀는 항상 자기 생각대로 한다.
She always has her own (   ).

⑥ 그것이 무엇인지 전혀 모르겠다.
I have (   ) idea of what it is like.

Answers

① **taken** / have+목적어+과거분사 「…하게 하다, …시키다, …당하다」: have *one's* picture taken 「…의 사진을 찍게 하다」 ② **to** / have only to *do* 「…만 하면 되다」 ③ **to** / have something to *do* with 「…과 다소 관계가 있다」 something 대신 much가 있으면 「깊은 관계가 있다」 ④ **with** / have done with 「…을 끝내다」=have finished with=be done with ⑤ **way** / have *one's* own way 「…의 생각대로 하다」=do[get] what *one* wants ⑥ **no** / have no idea 「(조금도) 모르다, 전혀 생각하지 못하다」 (유의 표현) have the least idea, have the slightest idea

주어진 우리말을 참고하여 (　　) 안에 적절한 단어를 넣어 영문을 완성하시오.

① 나는 목소리를 낮추려고 했다.
I tried to keep my voice (　　).

② 만일을 대비해 나와 항상 연락할 수 있도록 해 두시오.
Try to keep in touch (　　) me just in case.

③ 나는 개에게 단것을 주지 않았다.
I kept my dog (　　) eating sweets.

④ 시대의 흐름에 뒤쳐지지 않으려고 모든 신문을 읽는다.
I read every newspaper to keep abreast (　　) current affairs.

⑤ 충고하겠는데, 탐과 사귀지 않는 것이 좋다.
I advise you not to keep (　　) with Tom.

⑥ 그가 있을 때 그 문제를 언급해서는 안된다.
We should keep (　　) the subject when he is with us.

Answers

① **down** / keep ~ down 「…을 진압하다, 억누르다」 ② **with** / keep in touch with= keep (in) contact with 「…와의 연락을 지속하다」 ③ **from** / keep A from *do*ing 「A에게 …시키지 않다, …하지 못하게 하다」 ④ **of** / keep abreast of 「(시대의 흐름에) 뒤떨어지지 않다, …에 정통하다」 ⑤ **company** / keep company with 「…와 교제하다」 ⑥ **off** / keep off 「(화제 등을) 언급하지 않다, 가까이 가지 않다」

다음 문장을 해석하거나 영작하시오.

① I divorced my husband last month. I had no choice.

② I had words with him yesterday.

③ 이 넥타이를 주십시오. (have를 써서)

④ I make it a rule to keep early hours.

⑤ You should keep out of the trouble.

⑥ 그것은 비밀로 해 두자. (keep을 써서)

Answers

① 나, 지난 달에 남편과 이혼했어. 어쩔 수가 없었어. ② 어제 그와 말다툼을 했다. ③ Let me have this necktie. ④ 나는 일찍 일어나는 것을 습관으로 하고 있다. ⑤ 그 문제에 관여하지 않는 것이 좋다. ⑥ Let's keep it a secret.

03 Do와 Get
자연스러운 우리말로 해석의 묘미를 느껴보자

do를 「하다」라고만 암기하고 있는 사람이 많은데, 원래는 「…을 목적대로 움직이다」라는 의미이다. 즉, 마지막까지 「무엇을 실행하다」라는 일종의 완결을 나타내는 말이라는 것이다. 그러므로 「완결 → 충분하다 → 의무 · 역할 등을 다하다 → 유용하다」 등의 다양한 의미로 쓰이고 있다. 이런 목적 달성의 뉘앙스를 〈do + 명사〉로 증명해 보자.

do *one's* hair	「머리를 하다, 이발하다」
do *one's* duty	「의무를 행하다」
do the cooking	「요리하다」
do *one's* exercise	「운동하다」
do the housework	「집안 일을 하다」
do *one's* homework	「숙제하다」
do a problem	「문제를 풀다」
do the dishes	「접시를 닦다, 설거지하다」
do the host	「손님을 접대하다」

위에 나열된 모든 예들의 공통된 이미지는 '목적 달성' 즉, 「어떤 행위의 수행」이다. 이처럼 do 다음에 오는 목적어(명사)에 따라 여러 가지 동작을 표현할 수 있다.

이것을 우리말로 해석할 때 중요한 것은 〈do + 명사〉의 명사 이미지에 따라 적절하게 번역해야 한다는 것이다. 자연스러운 우리말을 찾아내는 일도 재미있을 것이다. 이미지만 파악하면, 이해하기도 쉽고 해석도 여러 가지로

해 볼 수 있다. 그리고 이것을 자유자재로 할 수 있게 되면, 간단한 영어로 무슨 말이든 할 수 있다는 자신감도 생길 것이다.

이 밖에도 *do* away with 「…을 폐지하다」, *do* without 「…없이 지내다」, have to *do* with 「…과 관계가 있다」 등 do가 포함된 중요한 관용어구들이 많다. 그리고 do는,

- I do want to eat that cake.
  그 케이크를 꼭 먹고 싶다.

에서처럼 〈do+동사 원형〉의 형태로 쓰여 동사를 강조하기도 한다. 또한,

- He loves her very much and so do I.
  그는 그녀를 굉장히 사랑하고 있다. 그리고 나도 그렇다.

에서처럼 같은 동사의 반복을 피하기 위한 대동사(代動詞)로 쓰이기도 한다.

get의 원래 의미는 「어떤 상태에 이르다」인데, 그 의미가 확대되어 「얻다, 손에 넣다, 사다」 등의 다양한 의미를 갖는다.

get an idea	「생각이 떠오르다」
get a blow	「일격을 가하다, 아픈 데를 찌르다」
get a victory	「승리를 얻다」
get a cold	「감기에 걸리다」

위의 예에서 알 수 있듯이 get의 기본 개념은 have와 거의 비슷한 '소유'이다. 그러나 have는 '상태'에 중점을 두고 있는 데 반해, get은 '동작'에 중점을 둔다.

예를 들면, I *have* a black T-shirt.는 「검은 티셔츠를 가지고 있다」라는 상태를 강조하고, I *got* a black T-shirt.는 「검은 티셔츠를 샀다」라는 동작에 중점을 두고 있다.

get이 동작을 표현하고 있는 또 다른 예로, 〈get+과거분사〉를 설명해 보면 다음과 같다.

〈get+과거분사〉는 수동태의 일종이라고 생각할 수 있다. 〈be+과거분사〉의 수동태가 '상태'와 '동작'을 모두 표현할 수 있는 데 반해, 〈get+과거분사〉는 '일시적인 동작'을 나타낸다.

- This letter *is written* in English.
  이 편지는 영어로 쓰여 있다.

- The thief got arrested by the police.
  = The thief *was arrested* by the police.
  도둑은 경찰에게 체포되었다.

- I got married last month.
  나는 지난 달에 결혼했다.

get married는 「결혼하다」라는 동작을 나타낼 뿐, 「결혼해 있다」라는 상태를 나타내지는 않는다. 이와는 반대로 「지난 달 결혼했다」를 I was married last month.라고 표현할 수는 없다.

상태를 나타낼 때는 다음과 같이 be동사를 쓴다.

- How long *have you been married*?
  결혼한 지 얼마나 됐습니까?
  = 몇 년 동안 결혼한 상태로 있는 것입니까?

「어떤 상태에 이르다」라는 get의 이미지는 〈get+형용사〉 (=become)의 형태로 표현할 수 있다.

get dark	「어두워지다」
get fat	「살이 찌다」

- The weather is getting colder.
  날씨가 점점 추워지고 있다.

요즘 마피아 사업계도 경쟁이 치열해져서 어떤 조직이 청각장애가 있음에도 불구하고 모금하는 데 있어서는 수완이 대단한 한 남자를 고용하게 되었습니다. 하지만 이 모금원(collector)은 거둬들인 5만 달러를 가지고 도망치다가 붙잡혀서 보스 앞에 끌려가 "돈은 어디 있지?"하고 돈의 행방을 추궁당했지만 그 청각장애자는 "무슨 얘기냐?"라며 수화를 통해 시치미를 뗍니다. 화가 난 보스는 총을 모금원의 관자놀이에 갖다대며 계속 추궁했습니다.

모금원은 수화로 이렇게 대답했습니다. "돈은 센트럴파크 큰 분수 동쪽으로 50야드에 있는 나무그루터기 안에 있다."

수화통역사는 보스에게 이렇게 전했습니다. "이놈이 아직도, '뭔 말인지 모르겠다. 그리고 당신이 방아쇠 당길 힘조차 없을 걸?'하고 지껄이고 있습니다."

: 보스와 모금원 사이에서 직접 대화가 이루어지지 않고 있다는 점이 이 개그의 포인트입니다. 바꿔 말하면 둘 사이에서 통역하는 사람 마음입니다. [방아쇠 당길 힘조차 없을걸?]이라는 말을 들은 보스는 화가 머리끝까지 나서 분명 방아쇠를 당겼겠죠. 그렇게 되면 돈의 소재를 알고 있는 사람은 통역사 밖에 없게 되고, 혼자 내심 만족해 하며 회심의 미소를 짓는 모습이 상상이 가지 않나요?

출처: 세계제일의 조크로 영어실력 늘리기

주어진 우리말을 참고하여 (   ) 안에 적절한 단어를 넣어 영문을 완성하시오.

① 파리 관광은 굉장히 즐거웠다.
It was a lot of fun doing the sights (   ) Paris.

② 네 조언이 없어도 할 수 있다.
I can do (   ) your advice.

③ 흡연은 당신 뿐만 아니라 가족의 건강도 해칩니다.
Smoking will do harm (   ) the health of your family as well as yours.

④ 그 낡은 규칙을 폐지해야 한다.
We should do away (   ) the old rule.

⑤ 새 차군요. 전에 타던 것은 어떻게 했습니까?
You have a new car. What did you do (   ) the old one?

⑥ A: 당신은 스페인어를 하시죠?
B: 아니오. 스페인어는 못하지만 독일어라면 합니다.
A: You speak Spanish, don't you?
B: No, I don't speak Spanish, but I do (   ) German.

Answers

① **of** / do the sights of「…를 관광하다」② **without** / do[go] without「…없이 지내다[때우다]」〈can과 같이 쓴다〉③ **to** / do harm to ~ = do ~ harm「…에게 피해를 주다, 해치다」= damage (반대말은 do good to「…에게 이익을 주다, 유익하다」) ④ **with** / do away with「…을 폐지하다」= abolish ⑤ **with** / do with「…을 처리하다」(what과 같이 쓴다), …로 때우다 (can과 같이 쓴다) ⑥ **speak** / 〈do + 동사의 원형 (동사를 강조하는 do)

주어진 우리말을 참고하여 (　　) 안에 적절한 단어를 넣어 영문을 완성하시오

① 자, 일을 시작하자.
Let's get (　　) to business.

② 아이들을 감당하기가 힘들어져 가고 있다.
The children are beginning to get out (　　) hand.

③ 네게서 감기가 옮았다.
I got a (　　) from you.

④ 내일 전화로 연락 드리겠습니다.
I'll get in touch (　　) you by phone tomorrow.

⑤ 공항에 도착하면 전화 주십시오.
When you get (　　) the airport, please call me.

⑥ 이 일을 되도록 빨리 끝내 주십시오.
Please get through (　　) this work as soon as you can.

Answers

① **down** / get down to 「…에 착수하다」 ② **of** / get out of hand 「감당할 수 없게 되다」 ③ **cold** / get a cold from 「…에게서 감기가 옮다」 ④ **with** / get in touch with 「…와 연락을 취하다」=communicate with ⑤ **to** / get to 「…에 도착하다, …을 시작하다」 ⑥ **with** / get through with 「…을 끝내다」

다음 문장을 해석하거나 영작하시오.

① I am done with the book.

② This car is small, but it will do.

③ 너는 설거지를 해야 한다. (do를 써서)

④ He got over his difficulties.

⑤ I don't get what you mean.

⑥ 어제 새 사전을 얻었다. (get을 써서)

Answers

① 나는 그 책을 다 읽었다. ② 이 차는 작지만 충분하다. ③ You should do the dishes. ④ 그는 어려움을 극복했다. ⑤ 네 말이 무슨 뜻인지 모르겠다. ⑥ I got a new dictionary yesterday.

04 Make와 Let

강요와 자발적인 것의 차이

make는 원래 「어떤 것을 변화시켜 지금까지 없었던 것을 새롭게 존재시키다」라는 의미이다.

- I made him a meal.
  그에게 식사를 만들어 주었다.

- The suit was made of wool.
  그 양복은 모직으로 만들어졌다.

흔히 make를 「만들다」로만 알고 있으나, 원래 의미는 「새롭게 존재하게 하다」이다. 이런 의미에서 「손에 넣다」, 「일으키다」, 「행하다」 등의 다양한 의미가 나온다.

make money	「돈을 벌다」
make a large profit	「큰 이익을 보다」
make a noise	「소리를 내다」
make a face	「얼굴을 찌푸리다」
make a fortune	「재산을 쌓다, 부자가 되다」
make an appointment	「약속을 하다」
make a good impression	「좋은 인상을 주다」
make progress	「진보하다」
make allowances for~	「…을 참작하다」

「새롭게 존재하는 것」은 '사물' 에만 그 대상이 한정되어 있는 것이 아니다. 동작과 상황도 새롭게 존재할 수 있다. 또한 make는 사역동사로 쓰여 「(강제적으로 사람에게) 새로운 행동을 유발시키다」라는 의미도 된다.

- I made him work hard.
  그를 열심히 일하게 만들었다.

또한 make는 '감정' 을 나타낼 때도 자주 사용된다.

- What made you so angry?
  무엇 때문에 그렇게 화를 냈니?

- The news made me sad.
  그 소식을 듣고 슬펐다.

〈make+감정을 나타내는 형용사(happy, sad, angry 등)〉의 형태로 암기해 두면 편리하다.

let과 make는 둘 다 사역동사인데, 그 쓰임은 서로 다르다. 이 두 동사의 차이를 확실히 알아두자.
let의 「…시키다」는 「…하는 것을 인정하여 자발적으로 시키다」라는 의미이며, make의 「…시키다」는 「강제로 시키다」를 나타낸다.

- Let me know your phone number.
  전화번호를 가르쳐 주세요.

위의 문장을 그대로 직역하면 「내가 당신의 전화번호를 알게 해 주세요」가 되는데, 여기서 중요한 것은 「나는 알고 싶다」라는 것이다. 위의 질문에 대한 대답을 let을 사용해서 표현해 보면,

- I'll let you know it later.
  나중에 알려 줄게요.

가 된다.

- My mother didn't let me watch TV all day long.
  엄마는 내가 TV를 하루 종일 보는 것을 못하게 하셨다.

의 경우, 「나는 보고 싶었는데 보여 주지 않았다」라는 의미이다. 이에 반해,

- I made him come.

은 「(억지로) 오게 하다」라는 강제적인 느낌이 강하다.

이제 사역동사의 역할을 하는 let에 「상대방이 하고 싶은 대로 하게 하다」라는 의미가 있다는 것을 이해할 수 있을 것이다. 근본적으로 let에는 「허락하다」라는 의미가 있기 때문이다.

동사와 동사가 결합된 *let* go(가게 하다, 놓아주다)와 동사와 부사가 결합된 *let* in(들여보내다)과 같은 용법도 있다. 그리고 영국 영어에서는 a house to *let*(셋집)에서처럼, let을 「빌려주다」의 의미로도 사용한다.

주어진 우리말을 참고하여 (　　) 안에 적절한 단어를 넣어 영문을 완성하시오.

① 우리는 대학 도서관을 최대한 이용해야 한다.
We should make the most (　　) our university library.

② 그가 사업가로서 성공할 거라고 확신한다.
I'm sure he'll make (　　) as a businessman.

③ 그들은 비행기로 가기로 결심했다.
They made (　　) their minds to go by plane.

④ 우리 모두 그 계획이 타당하다는 것에 동의했다.
We all agreed that the plan made (　　).

⑤ 그 때 그녀가 했던 말을 중요하게 생각하지 않았다.
I didn't make much (　　) what she said at the time.

⑥ 그녀는 한국에서 영어를 가르치며 생활하고 있다.
She make her (　　) by teaching English in Korea.

Answers

① **of** / make the most[best] of 「최대한 …을 이용하다」 ② **good** / make good as 「…로서 성공하다」 ③ **up** / make up *one's* mind to *do* 「…하려고 결심하다」=decide to *do* ④ **sense** / make sense 「이치에 맞다, 뜻이 통하다」=seem reasonable ⑤ **of** / make much of 「…을 중요시하다」=think much of ⑥ **living** / make *one's* living 「생계를 꾸려 나가다」

Q 주어진 우리말을 참고하여 ( ) 안에 적절한 단어를 넣어 영문을 완성하시오.

① 그가 어디에 살고 있는지 가르쳐 주십시오.
Please let me ( ) where he lives.

② 그는 나에게 비밀을 털어놓았다.
He let me ( ) his secret.

③ 신선한 공기를 들어오게 하려고 창을 열었다.
I opened the window to let ( ) some fresh air.

④ 그녀는 고양이를 방 밖으로 내보내 주었다.
She let the cat ( ) of the room.

⑤ 그녀가 한 말은 이제 잊어버리고, 지나간 일은 지나간 일로 내버려 두는 게 어떻겠니?
Why don't you forget what she said and let bygones ( ) bygones?

⑥ 미안합니다만 좀 지나갑시다.
Let me ( ), please.

Answers

① **know** / let me know 「…을 가르쳐 주십시오」 ② **into** / let A into B 「A에게 B를 일러 주다」 ③ **in** / let in ~ =let ~ in 「…을 들이다, 들여보내다」 ④ **out** / let ~ out of the room 「…을 방 밖으로 내보내 주다」 ⑤ **be** / let bygones be bygones 「지나간 일은 지나간 일로 잊어버리자, 과거는 과거일 뿐」 ⑥ **by** / let ~ by 「…을 지나가다」

다음 문장을 해석하거나 영작하시오.

① I couldn't make out what he said.

② She will make a good wife for him.

③ 나는 그의 회사와 계약했다. (make를 써서)

④ I don't want to let him down.

⑤ I let my house out for the winter.

⑥ 아버지는 내가 차를 몰도록 허락했다. (let를 써서)

Answers

① 그가 말한 것을 이해할 수 없었다. ② 그녀는 그의 좋은 아내가 될 것이다. ③ I made a contract with his company. ④ 그를 실망시키고 싶지 않다. (let down ~, let ~ down 「…을 실망시키다, 배반하다」) ⑤ 나는 겨울 동안 집을 세 놓는다. (let out ~, let ~ out 「(집 · 차 등)을 빌려주다」) ⑥ My father let me drive his car.

05 Take와 Give와 Put

'움직임의 방향' 감각을 잡자

take와 give, put 세 동사를 서로 연관시켜서 비교해 보면 그 차이를 뚜렷하게 알 수 있어서 쉽게 이해할 수 있다.

take는 상대방이 이쪽으로 사물을 옮겨오는 것이다. 즉, 사물을 상대쪽에서 떼어 내어 자신 쪽으로 옮겨오는 움직임을 가리킨다.

give는 그와 반대로 사물이 자신에게서 상대방 쪽으로 이동하는 것이다. 사물이 자신의 범위에서 떠나간다고 생각할 수 있다.

put은 사물을 「두다」 또는 「어떤 상태로 하다」라는 의미를 갖는다. 즉, put은 사물의 이동 방향이 자신 쪽인가 상대방 쪽인가가 정해져 있지 않다. 전치사 또는 부사와 함께 쓰여 그 방향이 결정된다.

이 세 동사는 각각 전치사나 부사를 취하여 독자적인 범위를 갖게 된다.

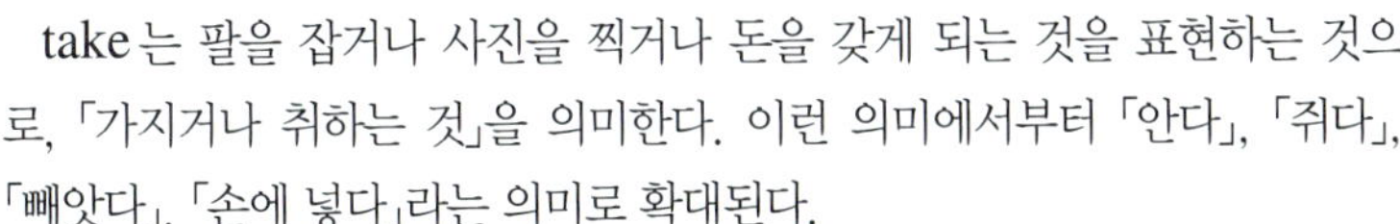

take는 팔을 잡거나 사진을 찍거나 돈을 갖게 되는 것을 표현하는 것으로, 「가지거나 취하는 것」을 의미한다. 이런 의미에서부터 「안다」, 「쥐다」, 「빼앗다」, 「손에 넣다」라는 의미로 확대된다.

- I **took** her by the hand.
  나는 그녀의 손을 잡았다.

- I **took** her in my arms.
  그녀를 내 팔에 안았다.

• I took a photo of my son.

아들의 사진을 찍었다.

이 외에 *take* a rest 「휴식을 취하다」, *take* a nap 「낮잠을 자다」, *take* (the) first prize 「1등을 하다」 등도 자주 볼 수 있는 표현이다.

그리고 take에는 「가져오다」라는 뜻의 동사 bring에 대해 「가져가다」의 의미도 있다. 인간 · 동물을 「데려가다」, 탈것에 「타다」, 약품이나 음식물을 「먹다, 마시다」, 시간이 「걸리다」 등을 표현할 때도 take를 사용한다.

• This bus will take you to London Station.

이 버스가 당신을 런던 역으로 데려다 줄 것이다.

= 이 버스는 런던 역에 간다.

• It took me a month to finish the work.

그 일을 끝내는 데 한 달이 걸렸다.

이 밖에 *take* after 「닮다, 흉내내다」, *take* over 「…을 인계받다, 떠맡다」, *take* A for B 「A를 B로 받아들이다, 착각하다」 등과 같이 일상에서 자주 사용되는 관용어들도 많다.

give는 「주다」라는 의미를 지니고 있으며 이중 목적어를 취하는 대표적인 동사이다.

• I gave her a present.

= I gave a present to her.

나는 그녀에게 선물했다.

give는 「주다」라는 의미에서부터, 그 목적어에 따라 「지불하다」, 「건네다」, 「수여하다」 등의 여러 가지 의미를 나타낼 수 있다.

- I'll give you a call again.
  다시 전화드리겠습니다.

- He gave my mother a hard time by quarreling with her.
  그는 우리 엄마와 말다툼을 해서 엄마를 난처하게 했다.

- Can you give me some of your time?
  잠깐 시간 좀 내줄 수 있어?

- Give me your name and address, please.
  이름과 주소를 말씀해 주십시오.

이 밖에 *give* advice 「충고하다」, *give* a lecture 「강의하다」, *give* first prize 「1등상을 주다」 등, 다양하게 쓰이고 있다. 어떤 문장에서나 give는 '주어가 사물이나 상황을 부여하다' 라는 이미지를 가지고 있다는 것을 알 수 있다.

put은 「두다」라는 의미를 중심으로 생각하면 틀림없다. *put* away는 「(사용하지 않고) 간직하여 두다」에서 「정리하다, 저축하다」가 되며, *put* on은 「입다」라는 뜻이다. *put* back은 「되돌리다」, *put* down은 「아래에 두다」→「적어 두다」의 의미가 된다. 그리고 *put* off 「…을 연기하다」, *put* up with 「…을 참다」 등 자주 사용되는 관용어구들이 많다.

주어진 우리말을 참고하여 (   ) 안에 적절한 단어를 넣어 영문을 완성하시오.

① 10에서 4를 빼면 6이 남는다. (10−4=6)
If you take 4 (   ) from 10, you have 6 left.

② 두 번째 문제를 봅시다.
Let's take (   ) the second problem, shall we?

③ 그는 검소한 사람이다. 그 점에서 아버지를 닮았다.
He is frugal; he takes (   ) his father in that respect.

④ 그는 다른 사람들의 기분을 고려했다.
He took other people's feelings (   ) consideration.

Answers

① **away** / take – away (from) 「(에서) …을 빼다」=subtract ② **up** / take up 「문제삼다, 문제를 처리하다, (시간 · 장소 등을) 잡다[차지하다]」 ③ **after** / take after 「…와 닮다」=resemble (take after – 다음에 전치사 in이 오면 「…의 면에서 – 를 닮다」라는 뜻이 된다.) ④ **into** / take – into consideration[account] 「…을 고려하다, 참작하다」

주어진 우리말을 참고하여 ( ) 안에 적절한 단어를 넣어 영문을 완성하시오.

① 그들은 파업 중인 사람들의 요구를 받아들였다.
They gave ( ) to the strikers' demands.

② 재판관은 그에게 무거운 판결을 내렸다.
The judge gave him a heavy ( ).

③ 이 꽃은 향기가 강하다.
This flower gives ( ) a strong fragrance.

④ 호텔까지 태워 주겠습니까?
Will you give me a ( ) to my hotel?

Answers

① **in** (또는 **way**) / give in[way] to 「…에게 양보하다, 굴복하다」 = yield to, submit to
② **sentence** / give sentence 「판결을 내리다」 ③ **off** (또는 **out**) / give off[out] 「(냄새 등을) 방출하다」 ④ **ride** (또는 **lift**) / give ~ a ride[lift] 「…를 차로 태워다 주다」

주어진 우리말을 참고하여 (　　) 안에 적절한 단어를 넣어 영문을 완성하시오.

① 나는 젠체하는 인간들이 싫다.
I don't like those who put (　　) airs.

② 이 그림을 벽에 걸어 주십시오.
Please put this picture (　　) the wall.

③ 그는 여행 비용을 부지런히 모으고 있다.
He is busy putting (　　) money for the trip.

④ 케네디 씨와 전화를 연결해 주십시오.
Please put me (　　) to Mr. Kennedy.

Answers

① **on** / put on airs 「젠체하다」 = give *oneself* airs ② **on** / put ~ on the wall 「…을 벽에 걸다」 ③ **by** (또는 aside) / put by[aside] 「남겨 두다, (돈을) 모으다」 ④ **through** / put through 「(전화를) 연결하다」

다음 문장을 해석하거나 영작하시오.

① He took me by surprise.

② 드라이브시켜 주세요. (take를 써서)

③ The wall gave way in the earthquake.

④ 그는 힘이 다했다. (give를 써서)

⑤ You must put the room in order.

⑥ 이 우리말을 영어로 하시오. (put을 써서)

Answers

① 그는 나를 불시에 방문했다. ② Take me out for a drive. ③ 벽이 지진으로 무너졌다. (give way 「부서지다, 무너지다」) ④ His strength gave out. ⑤ 너는 방을 정리해야 한다. ⑥ Put this Korean into English.

06 In과 On과 By

「…안」「…위」, 「…로」만으로 발전이 없다

in의 기본적인 의미는 「둘러쌈」, 「포괄」, 「범위」이다. 또한 전후좌우 뿐만 아니라 상하를 포함하는 입체적인 공간과 관련되어 있다. 따라서 in의 기본적인 이미지는 '돌아가면서 에워싸다' 라고 말할 수 있다. 물리적으로는 *in* the room 「방안에」, *in* a suit 「양복을 입고」 등과 같이 사용되고, 시간적으로는 *in* the morning 「오전 중에」, *in* a few minutes 「2~3분 안에」, *in* spring 「봄에」, *in* the twentieth century 「20세기에」 등과 같이 사용된다. 결론적으로 in은 시간적 · 공간적으로 「그 중에서」, 「그 범위 안에서」라는 이미지가 있다.

또한 '에워싸다' 라는 이미지가 추상화되어 '상황, 상태' 를 나타내기도 한다.

in good health	「건강하여」
in anger	「화가 나서」
in business	「장사를 해서」
(sit) in a circle	「둥글게 (앉다)」

on의 기본 의미는 '접촉', '접근' 인데, 상하, 측면, 바닥 등의 위치와는 상관없다. 천장이든 벽이든 테이블 위든 바닥이든 접촉해 있으면 on을 써서 나타낼 수 있다. 따라서 on을 「…의 위에」라고만 이해하고 있으면 답이 나오지 않을 수도 있다.

- A picture hangs on the wall in the living room.
  거실 벽에 그림이 걸려 있다.

단순한 물리적 접촉뿐만 아니라 '시간의 접촉'에서 그 의미가 확대되어 '동시성'과 '한창인 때'를 표현하는 경우도 있다.

- On arriving at the station, I called him up at the office.
  역에 도착하자마자, 그의 사무실로 전화했다.

이것은 동시성을 나타낸다. '한창인 때'를 나타내는 표현으로는 *on* the increase「증가 중」, *on* the run「도망 중」 등이 있다.

시간적인 면에서 「…날에」라고 특정한 날을 나타낼 경우에는 *on*을 쓴다. 즉, *on* my birthday「내 생일날에」, *on* Sunday「일요일에」가 된다. 그러므로 in the morning(오전에)의 morning도 특정한 날의 아침을 나타내게 되면, *on* Friday morning(금요일 오전에)에서처럼 on을 쓴다. 다음 예문에서 in과 on의 차이를 확인해보자.

- I was born *in* 1970.
  나는 1970년에 태어났다.

- I was born on May 5th.
  나는 5월 5일에 태어났다.

그리고 on에는 '접촉'의 이미지로서 「…을 받침으로 하여, 의지하여, 근거로」라는 뜻이 있다. 즉, depend *on*, rely *on*(…에 의지하다)의 on은 '의존'을, be based *on*(…에 기초를 두다), *on* the ground that(…라는 근거에서)의 on은 '근거'를 나타낸다.

전화와 TV같은 「미디어를 통해」라는 표현에도 on이 사용된다.

- I heard it on the radio.
  그것을 라디오에서 들었다.

- What are you going to watch on TV?
  TV에서 무엇을 볼 생각입니까?

- Be quiet! I'm (talking) on the phone.
  조용히 해! 지금 통화하고 있잖아.

- I recorded that song on tape.
  그 노래를 테이프에 녹음했다.

by의 기본적인 의미는 「옆에 위치하다(near '접근')」이다. '접근'에서 '통과, 경과'로 의미가 확대되어, '매개, 매체'를 나타내게 되었다. '매체'는 *by* car(차로)에서처럼 '수단'과 *by* way of(…를 경유하여)에서처럼 '경유'로 그 의미가 확대되기도 한다.

- She was standing by the window.
  그녀는 창 옆에 서 있었다. 〈근접〉

- He came in by the back door.
  그는 뒷문으로 들어왔다. 〈통과〉

또한 「근접의 정도」에 따라 '차이'를 나타내기도 한다.

- She is older than I by three years.
  그녀는 나보다 3살 위다.

- He missed the train by a minute.
  그는 1분 차이로 기차를 놓쳤다.

차이를 나타낼 때, 차이의 정도를 나타내는 '단위' 가 필요한데, 이때 주로 by가 사용된다.

- I am paid by the week.
  나는 주급제[주 단위]로 지불받고 있다.

자주 볼 수 있는 step *by* step(한 걸음씩)과 little *by* little (조금씩) 등의 by도 '단위' 를 나타내는 것이라 할 수 있다.

엄청난 미인을 고명딸로 둔 대부호가 있었습니다. 그는 연못에 많은 악어를 기르고 있었습니다. 어느 날, 많은 젊은이들을 초대해서 파티를 열고 "이 악어못을 저 쪽 편까지 무사히 수영해서 건너 간 사람에게는 딸이나 백만 달러 중에 원하는 것을 상으로 내리겠다."고 했습니다. 그런데 모두 서로 얼굴만 쳐다볼 뿐, 아무도 선뜻 나서지 못하고 있었습니다. 그때 한 젊은이가 갑자기 못에 뛰어 들었습니다. 모두 한참동안 마른침을 삼키며 지켜 보고 있었는데, 이 청년은 다가오는 악어를 차례차례 쫓아내면서 멋지게 반대편까지 도착했습니다. 이에 감격한 부자는 용기 있는 청년에게 말했습니다.

"대단하네. 자, 어느 쪽으로 하겠는가. 백만 달러인가? 딸인가?"

영웅은 대답했습니다. "돈도 딸도 필요 없습니다. 단지 나를 못으로 밀어 떨어뜨린 놈에게 용무가 있을 뿐입니다."

Exercise · In, On, By ·

Q 주어진 우리말을 참고하여 in, on, by 중 적절한 단어를 (　　) 안에 넣으시오.

① 나는 원칙에 따라 행동할 것이다.
I will act (　　) my principles.

② 그 회사는 임시 고용인들에게 일당으로 지불한다.
The company pays the temporary employees (　　) the day.

③ 그는 학생들에게 실례를 들어 가르쳤다.
He taught the pupils (　　) giving them examples.

④ 우리들은 성격이 비슷하다.
We are alike (　　) character.

⑤ 그는 나보다 세살 위다.
He is older than I (　　) three years.
= He is three years older than I.

⑥ 그는 2, 3일이면 돌아온다.
He will come back (　　) a few days.

⑦ 그 회사는 파업 중이다.
They are (　　) strike at the company.

⑧ 잉크로 서명해 주십시오.
Please sign your name (   ) ink.

⑨ 물가가 조금씩 내려가고 있는 것 같다.
Prices seem to be going down (   ) degrees.

⑩ 그들은 스포츠에 빠져 있다.
They are keen (   ) sports.

⑪ 그는 자기 차로 갔다.
He went (   ) his car.

⑫ 파리 두 세 마리가 천장에 달라붙어 있다.
There are some flies (   ) the ceiling.

Answers

① **on** / 수단 · 근거를 나타내는 on ② **by** / 단위를 나타내는 by ③ **by** / 수단을 나타내는 by ④ **in** / 점이나 면을 나타내는 in ⑤ **by** / 차이를 나타내는 by ⑥ **in** / 시간 경과를 나타내는 in (in은 미래의 「…경과하여, …다음에」의 의미로 사용되는데, 과거를 기점으로 「시간의 경과」를 나타내는 경우에는 after를 쓰기도 한다) ⑦ **on** / 상태 · 진행을 나타내는 on ⑧ **in** / 도구 · 재료를 나타내는 in ⑨ **by** / 정도를 나타내는 by (by degrees 「점차로, 차차」 = gradually) ⑩ **on** / 대상을 나타내는 on (be keen on 「…에 열중하고 있다」) ⑪ **in** / 방법을 나타내는 in (단순한 교통 수단일 경우에는 by car라고 해도 되지만, 「그의 차로」나 「내 차로」라고 할 경우에는 in his car, in my car처럼 in을 쓴다. 「차를 타고」라는 뉘앙스) ⑫ **on** / 접촉을 나타내는 on

다음 문장을 해석하거나 영작하시오.

① I am in good health.

② 둥글게 앉자. (in을 써서)

③ My birthday falls on Monday this year.

④ She is always on the go.

⑤ He is a doctor by profession.

⑥ 그는 5분 차이로 버스를 놓쳤다. (by를 써서)

Answers

① 나는 건강 상태가 좋다. ② Let's sit in a circle. ③ 올해 내 생일은 월요일이다. ④ 그녀는 언제나 활동적이다. (on the go 「줄곧 일하는, 활동적으로」) ⑤ 그의 직업은 의사이다. ⑥ He missed the bus by five minutes.

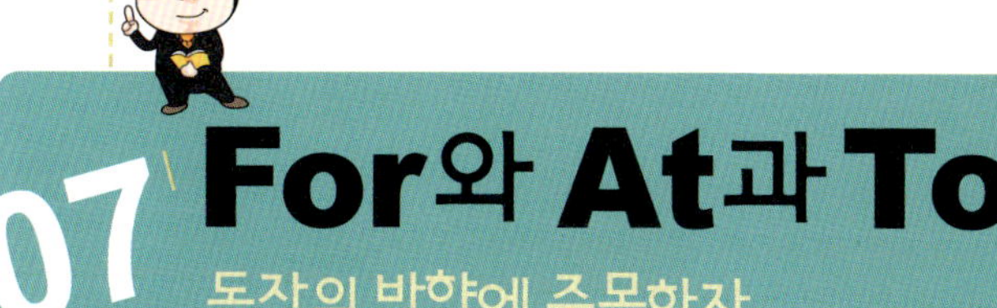

07 For와 At과 To

동작의 방향에 주목하자

for는 원래 fore(앞에)에서 유래되었다고 한다. 의미는 여러 갈래가 있는데, 가장 기본적인 의미는 '목적' 이다. '목적' 이란 「앞에서 사람을 끄는 것」, 즉 「추구하는 대상(요구나 이익)」이나 「목적지」를 가리키는 것이다.

하지만 for에는 이 밖에도 다양한 의미가 있다. for는 '교환' 을 나타내기도 하는데, 예를 들면 다음 문장이 그렇다.

- I bought this book **for** $100.
  100달러와 교환해서 이 책을 샀다.
  = 100달러에 이 책을 샀다.

그리고 I took you *for* your brother.(너를 네 동생과 착각했다.)에서 쓰인 for도 '교환' 의 의미에서 파생된 것이라 볼 수 있다.

at 의 기본적인 의미는 장소를 나타내는 '어느 한 점' 이다. 예를 들면, *at* this point(이 지점에서)처럼, '작은 한 점' 을 나타낸다. 의미가 확대되어 시간적인 면에서 「작은 시간 → 순간」을 나타내기도 한다. 그렇기 때문에 *at* seven o'clock(7시에)은 정각 7시라는 「순간」을 나타낸다. 또한 *at* full speed(전속력으로)의 at은 「측정할 때의 그 순간」을 나타내는 것이다.

at을 '위치' 로서의 한 점, '시간' 으로서의 한 점으로 파악하면 그 뉘앙스를 잘 알 수 있게 될 것이다.

| 위치 |

at the top of the class 「반에서 일등으로」
at the bottom of the class 「반의 최하위에서」
at the entrance 「현관에서」

| 시간 |

at midday 「정오에」
at the moment 「지금, 바로 지금, 바로 그때」
at the end of the week 「주말에」

어떤 예를 보더라도, at이 '점' 이나 '순간' 을 나타내고 있다는 것을 알 수 있다.

또한 이 '작은 한 점' 이 「…을 목표로」의 '목표' 를, 「…(의 상태)로」의 '상태' 를 나타내기도 한다.

| 목표 |

aim at 「…을 겨냥하다」
be angry at 「…에 대해 화를 내다」
laugh at 「…을 비웃다」

| 상태 |

at work 「일하고 있는」
at ease 「편하게, 안락하게」
at a loss 「당황하여」

to의 기본 의미는 '방향'과 '도착점'을 나타낸다. 운동이나 행위가 향하는 '방향'과 그 결과의 '도착점'을 나타내는 것이다. to 다음에는 from here *to* the station(여기서 역까지)의 「장소」 혹은, from Sunday *to* Wednesday(일요일에서 수요일까지)의 「시간」이 온다.

또한 '도착점'이 추상화되어, 「결과」를 표현하는 경우도 있다. 예를 들면, be moved *to* tears(감동하여 (그 결과) 눈물을 흘리다), be frozen *to* death(얼어서 (그 결과) 죽다 → 얼어죽다) 등이 그렇다.

사냥꾼 두 명이 숲으로 사냥을 갔는데 한 명이 갑자기 쓰러졌습니다. 호흡도 멈춘 것 같았습니다.

놀란 다른 한 명이 휴대폰으로 긴급전화를 걸어 숨을 헐떡이며 말했습니다.

"친구가 죽었어요! 어떻게 해야 되죠?"하고 묻자, 교환이 대답합니다. "괜찮으니까 일단 진정하시구요, 먼저 잘 확인해 주세요. 정말 죽은 게 맞나요?"

잠시 침묵이 흐르다 이윽고 들려오는 한 발의 총소리.

그리고 다시 전화기를 울리는 남자의 목소리. "이제 됐어요. 그리고 그 다음은 어떻게 하면 되죠?"

: "정말 죽은 게 맞나요?"라는 질문을 받고 확인을 해줘야 하는데, 그 방법이 총을 쏴 보는 거라니! 말귀를 못 알아들었을 때 생길 수 있는 해프닝을 노린 조크입니다.

Exercise · For, At, To ·

Q 주어진 우리말을 참고하여 for, at, to 중 적절한 단어를 (　　) 안에 넣으시오.

① 그 꽃은 지금 한창이다.
The flower is now (　　) its best.

② 그들은 내 제안에 반대했다.
They were opposed (　　) my suggestion.

③ 유혹에 넘어가지 말아라.
Don't give way (　　) temptation.

④ 당신은 그 규칙에 찬성합니까, 반대합니까?
Are you (　　) or against the rule?

⑤ 우리들은 여론에 호소했다.
We appealed (　　) public opinion.

⑥ 그는 80세까지 살았다.
He lived (　　) eighty.

⑦ 그는 그 일에 적임이다
He is the right man (　　) the job.

⑧ 4월치고는 너무 덥다.
It is too warm (　　) April.

⑨ 그는 그 T셔츠를 5달러에 샀다.
He bought the T-shirt (　　) five dollars.

⑩ 그녀는 내 요청으로 그것을 했다.
She did it (　　) my request.

⑪ 당신 좋을 대로 하십시오.
I will leave it (　　) your disposal.

⑫ 보트는 전속력으로 달렸다.
The boat cruised (　　) full speed.

Answers

① **at** / 상태를 나타내는 at (at its[*one's*] best 「최고의 상태로」) ② **to** / 대립을 나타내는 to (be opposed to 「…에 반대하다」) ③ **to** / 집착 · 종속을 나타내는 to (give way to 「…에게 양보하다, 굴복하다」) ④ **for** / 찬성 · 지지를 나타내는 for ⑤ **to** / 대상을 나타내는 to ⑥ **to** / 한도 · 범위를 나타내는 to ⑦ **for** / 목적의 for ⑧ **for** / 관련의 for ⑨ **for** (또는 at) / 교환을 나타내는 for (at five dollars라고 하기도 한다. for는 「교환」에 중점을 두고 있는데 비해, at은 그 가격에 중점을 둔다.) ⑩ **at** / 원인을 나타내는 at (at *one's* request 「…의 의뢰에 따라, 요청에 따라」 이에 준하는 용법으로 at the sound(그 소리를 듣고), at the touch(그것에 접하여)가 있다.) ⑪ **at** / 상태의 at ⑫ **at** / 상태의 at

다음 문장을 해석하거나 영작하시오.

① U.S.A. stands for the United States of America.

② 나는 이 책을 공짜로 얻었다. (for를 써서)

③ He was still at work in his office.

④ 콘서트는 토요일 밤 6시 30분에 시작된다. (at을 써서)

⑤ The story moved us to tears.

⑥ 우리들은 피아노에 맞춰 노래를 불렀다. (to를 써서)

Answers

① U.S.A.는 United States of America의 약칭이다. (stand for「…을 나타내다, …의 약칭이다」: 여기에서 for는 '대용'을 나타낸다.) ② I got this book for nothing. ③ 그는 여전히 회사에서 일하고 있었다. ④ The concert starts at 6:30 on Saturday evening. ⑤ 우리는 그 이야기에 감동해서 눈물을 흘렸다. ⑥ We sang to the piano.

08 With와 From과 Of

「결합」과 「분리」에 주의한다

with의 원래 의미는 'against' 이다. withstand(저항하다 → 버티다)와 withdraw(철수하다 → 빼다) 등에서 그 흔적을 볼 수 있는데, 중세에 와서는 「동반 · 일치 · 소유」(종합해서 '결합' 이라고 하자) 등 다양한 의미를 갖게 되었다.

with의 기본 이미지는 「같이, 함께」라는 '동반' 의 의미를 지니고 있으며, 이것이 심리적 단계까지 확대되어 agree *with* you(당신에게 찬성하다)에서처럼 '일치' 나 sympathize *with* you(당신에게 동감하다)에서처럼 '공감' 을 나타내기도 한다.

with는 또한 '부대 상황' 을 나타내기도 하는데, 여기서 '부대 상황' 이란 상황이나 행동이 동시에 함께 일어나는 것을 가리킨다. 그러한 예를 하나 들어보자.

- I couldn't walk with my eyes open.
  눈을 뜨고 걸을 수 없었다.

또한 with는 shiver *with* cold(추위에 떨다)〈원인〉, meet *with* bad weather(악천후를 만나다)〈대상〉처럼 사용될 수 있다. 그 밖에도 mix A *with* B(A를 B와 섞다)〈동반〉, tea *with* lemon(레몬을 넣은 홍차)〈소유〉와 같이 사용될 수 있다.

from은 원래 '기점'을 나타내는데, 장소 · 시간 · 구상 · 추상을 불문하고 여러 가지 상황에서 폭넓게 사용된다. 심리적 수준에서 '동기 · 시점'을 나타내는 경우에도 사용된다. 예를 들면 act *from* a sense of duty(의무감에서 행동하다), *from* a psychological point of view(심리학적 관점에서 보면) 등이 그러하다.

또한 「원인, 출신, 재료」 등을 나타내는 경우에도 사용될 수 있다.

He died from overwork.
그는 과로로 사망했다. 〈원인〉

Where do you come from?
어디 출신입니까? 〈출신〉

Wine is made from grapes.
와인은 포도로 만들어진다. 〈재료〉

'장소'와 '시간'은 물론 「원인, 출신, 재료」를 나타내는 경우에도 그 기본 이미지는 '기점'에 있다는 것을 알 수 있을 것이다.

of의 원래 의미는 「…에서 떨어져(away from)」이다. of의 용법에는 '분리'와 '관련'이 있는데, 「분리」나 「기원(起源)」의 용법일 때는 from으로, 「관련」의 용법일 때는 about으로 교체되기도 한다.

of의 기본 이미지인 「분리」와 「기원」은 다음과 같은 표현에서 자주 볼 수 있다.

be independent of
「…에서 독립되어 있다」 〈분리〉

relieve him of the burden
「그에게서 부담을 덜다」 〈제거〉

rob her of her purse
「그녀에게서 지갑을 강제로 빼앗다」 〈탈취〉

이상은 「분리」의 이미지에 속한다. 그리고 다음 두 표현의 of는 「기원」을 나타낸다.

This chair is made of wood.
이 의자는 나무로 만들어져 있다. 〈재료〉

This class consists of 40 students.
이 반은 40명의 학생으로 이루어져 있다. 〈구성 요소〉

사바나에서 사자와 딱 마주친 목사는 무릎을 꿇고, 그리고 눈을 감고 전지전능하신 하나님에게 기도를 드립니다.

"하나님, 어떻게든 이 야수를 신성한 크리스찬으로 변하게 해주세요."

잠시 시간이 지나고, 목사가 눈을 떠보니 그 사자는 무릎을 꿇고 신에게 기도를 드리고 있습니다. "하나님, 지금부터 먹게 될 식사에 부디 축복을 내려주시길."

다급한 탓에 하나님에게 도움을 청해서 사자를 경건한 크리스찬으로 바꿔 달라고 부탁드린 목사. 그렇습니다. 그 기도는 곧바로 하나님에게 도달해서 사자조차 식사 전에 기도를 드릴 정도로 독실한 크리스찬이 되었지만 목사의 운명은 결국 바뀌지 않았답니다.

Exercise · With, From, Of ·

Q 주어진 우리말을 참고하여 with, fome, of 중 적절한 단어를 (　　) 안에 넣으시오.

① 그는 나에게 돈을 맡겼다.
He trusted me (　　) his money.

② 그는 매우 중요한 인물이다.
He is a man (　　) great importance.

③ 심리학적 견지에서 보면, 사태가 심각하다.
(　　) a psychological point of view, the situation is serious.

④ 영국으로 책을 몇 권 주문했다.
I ordered some books (　　) England.

⑤ 그에게는 가지고 있는 돈이 없었다.
He had no money (　　) him.

⑥ 입 안에 음식물을 넣고 말해서는 안된다.
Don't talk (　　) your mouth full.

⑦ 너의 대답은 질문에서 벗어나 있다.
Your answer is wide (　　) the mark.

⑧ 감기가 나았다.
I recovered (　　) my cold.

⑨ 그를 어떻게 생각하니?
What do you think (　　) him?

⑩ 나는 자진해서 그것을 했다.
I did it (　　) my own will.

⑪ 나를 방해하지 마시오.
Don't interfere (　　) me.

⑫ 아이도 선악의 구별을 할 수 있다.
Even a child knows right (　　) wrong.

Answers

① **with** / 위탁을 나타내는 with (trust A with B 「A에게 B를 맡기다, 위탁하다」) ② **of** / of + 명사 = 형용사 (of importance=important) ③ **From** / 출발점(장소 · 시간)을 나타내는 from ('출발점'에서 의미가 발전하여 사물을 판단하는 '근거나 관점'을 나타내기도 한다.) ④ **from** / 출발점(장소 · 시간)을 나타내는 from (to와 혼동하기 쉽기 때문에 주의. 「…에 주문하다」를 「…에서 가져오게 하다」라고 생각하면 이해하기 쉽다.) ⑤ **with** / 소유 · 휴대를 나타내는 with ⑥ **with** / 부대 상황을 나타내는 with ⑦ **of** / 분리를 나타내는 of (wide of 「…에서 벗어나서, 빗나가서」) ⑧ **from** / 분리를 나타내는 from (recover from 「(병 등)에서 회복하다」) ⑨ **of** / 관련을 나타내는 of ⑩ **of** / 기원을 나타내는 of (of *one's* own will 「자신의 의지대로, 자진하여」) ⑪ **with** / 대상을 나타내는 with (interfere with 「…를 방해하다」) ⑫ **from** / 구별을 나타내는 from (know A from B 「A와 B를 구별하다」)

다음 문장을 해석하거나 영작하시오.

① I parted with the picture.

② 그는 심한 감기로 자리에 누워있다. (with를 써서)

③ You must be more careful from now on.

④ 나는 그녀와 역에서 헤어졌다. (from을 써서)

⑤ Clear the table of the dishes.

⑥ 그녀는 어떻게 되었습니까? (of를 써서)

Answers

① 나는 그 그림에서 손을 뗐다. ② He is in bed with a bad cold. ③ 너는 지금부터 더욱 주의해야 한다. ④ I parted from her at the station. ⑤ 테이블에서 그릇들을 치워라. ⑥ What has become of her?

09 형용사

유사한 것들을 구별하는 법

형용사의 위치는 용법과 문형에 따라 결정된다. 그리고 형용사에는 원급(원형) 외에도 비교급 · 최상급이 있는데, 그 변형에도 원칙이 있으므로 확실하게 알아두자.

또한 다음과 같은 문장에서는 형용사의 위치에 따라 문장의 의미에도 차이가 생길 수 있으므로 주의해야 한다.

- He eats fish raw.
  그는 생선을 날 것으로 먹는다.

- He eats raw fish.
  그는 날 생선을 먹는다.

형용사에는 한정 용법과 서술 용법이 있다.
한정 용법 → 명사나 대명사를 직접 수식하는 용법.
서술 용법 → 동사의 보어로서의 용법.

She is a good cook.	〈한정 용법〉
This is a book suitable for us.	〈한정 용법〉
I am hungry.	〈서술 용법: S+V+C〉
I found the book interesting.	〈서술 용법: S+V+O+C〉

한정 용법으로만 사용되는 형용사

a mere child 「단지 아이에 불과한」
the main street 「중심가(街)」

mere, main과 같은 형용사는 명사를 직접 수식할 때만 사용되고 보어로서의 용법은 없다. 그렇기 때문에 The child is mere.라는 문장은 존재하지 않는다.

서술 용법에만 사용되는 형용사

The baby is sound asleep.
그 아기는 깊이 잠들어 있다.

명사(baby)를 수식하여 an asleep baby라고는 쓰지 않는다.

You look well.
너 좋아 보이는구나.

이 밖에 alive, afraid, content 등이 서술 용법으로만 쓰이는 형용사이다.

〈형용사+전치사〉의 형태로도 중요한 표현이 많다. 시험에 자주 출제되는 것들을 살펴보자.

be afraid of 「…이 무섭다」
be ashamed of 「…을 부끄러워하다」
be short of 「…이 부족하다」
be proud of 「…을 자랑스럽게 생각하다」
be familiar with 「…을 잘 알고 있다」
be bored with 「…을 지루해하다」

be satisfied with 「…에 만족하다」
be similar to 「…과 비슷하다」
be close to 「…에 가깝다」
be different from 「…과 다르다」
be free from 「…이 없다」

일본의 모 총리가 미국의 클린턴 대통령(당시)과 만나게 되었습니다. 처음에 영어로 분위기를 띄워보려는 의도에서 외무성 측의 배려로 영어회화 벼락특훈을 받게 되었습니다. 악수할 때 먼저 대통령에게 "How are you?"라고 말을 붙이면 상대는 아마 "Fine. And you?"라고 대답할 것이다. 그때는 "Me, too."라고 대답하도록 외무 관료가 친절하고 정중하게 레슨을 해드렸습니다. "알았어, 알았다니까. 그 정도는 나도 할 수 있다."라고 자신 있게 대답한 총리였지만...

총리는 클린턴 대통령과 만나서 처음에 그만 실수로 "당신 누구십니까?"라고 말해 버렸습니다. 클린턴 대통령은 조금 충격은 받았지만 그래도 어떻게 유머로 넘어갈 수 있었습니다. "허, 전 힐러리 남편입니다. 하하하..." 계속해서 총리는 자신 넘치게 대답했습니다. "저도 그렇습니다. 하하하..." 그러자 회견실에는 긴 정적이 찾아 왔습니다.

Exercise • 형용사 •

주어진 우리말을 참고하여 (　　　) 안에 적절한 단어를 넣어 영문을 완성하시오.

① 그 전쟁은 19세기 후반에 발발했다.
The war broke out in the (　　　) half of the 19th century.

② 이 집은 조금 비싸다.
The price of this house is a little (　　　).

③ 치아를 청결하게 유지해야 한다.
You must keep your teeth (　　　).

④ 내 적은 월급으로는 꾸려 나갈 수 없다.
I can't get along on my (　　　) salary.

⑤ 용은 상상의 동물이다.
A dragon is an (　　　) animal.

⑥ 나는 살아 있는 물고기를 잡았다.
I caught a (a) fish.
I caught a fish (b).

⑦ 상당히 많은 사람들이 콘서트에 왔다.
Quite a (　　　) people came to the concert.

⑧ 석유가 거의 없으니 주의해서 사용하세요.
As there is (　　) oil, use it carefully.

⑨ 그는 추위에 민감하다.
He is (　　) to the cold.

⑩ 그녀는 훌륭한 선생님이다.
She is a (　　) teacher.

⑪ 그는 틀림없이 성공할 것이다.
It is (　　) that he will succeed.
= I'm sure that he will succeed.

⑫ 이 거리는 교통이 혼잡하지 않다.
Traffic is not (　　) on this street.

⑬ 다저스는 5연승을 거두었다.
The Dodgers won five (　　) games.
= The Dodgers won five games in a row.

⑭ 이 마을 인구는 얼마나 됩니까?
How (　　) is the population of this town?

⑮ 내 방은 굉장히 좁다.
My room is very (　　).

⑯ 강당에 많은 관객이 있었다.
There was a (   ) audience in the hall.

⑰ 많은 학생들이 그 시험에서 떨어졌다.
(   ) a student has failed the examination.

Answers

① **latter** (또는 second) / late(늦은, 늦게)의 비교 변화에는 2종류가 있다. 「시간」을 나타내는 경우에는 late－later－latest로 변화하고, 「순서」를 나타내는 경우는 late－latter－last로 변화한다. 문제에서는 「후반」이라는 단어가 순서를 나타내는 것이므로 the latter half(또는 the second half)가 된다. ② **high** / expensive도 쓸 수 있지만, price는 보통 high와 쓴다. ③ **clean** ④ **small** (또는 low) / 반대로 「높은 급료」는 large[high] salary가 된다. ⑤ **imaginary** / imaginative(상상력이 풍부한), imaginable(상상할 수 있는)과 혼동하기 쉬우므로 주의. ⑥ (a) **live**, (b) **alive** / live[láiv]는 한정 용법으로, alive[əláiv]는 서술 용법으로 쓰인다. ⑦ **few** / quite a few = not a few = many(가산명사에 쓴다. 불가산명사에는 little) ⑧ **little** / little 「거의 없다」, a little 「조금 있다」 (불가산명사에 쓴다.) ⑨ **sensitive** / sensible(분별 있는), sensual(관능적인)과 혼동하지 않도록 주의. ⑩ **respectable** (good, great도 가능) / respective(저마다의, 각각의), respectful (공손한)과 혼동하지 않도록 한다. ⑪ **certain** / sure와 certain은 동의어지만, It is sure that ~ 이라는 표현은 없다. ⑫ **heavy** / traffic(교통)은 heavy나 light로 표현한다. ⑬ **successive** / successive(연속하는)→succession(연속), successful(성공한)→success(성공) ⑭ **large** / audience, population, salary, number의 크기는 large 또는 small로 표현한다. ⑮ **small** / narrow는 「폭이 좁다」라는 의미(반대는 wide)로, 「방이 좁다, 넓다」를 표현하고자 할 때는 small, big, large로 한다. ⑯ **large** / audience, population, salary, number의 크기는 large 또는 small로 표현한다. ⑰ **Many** / many a+단수명사 「많은 …」 (의미는 복수지만 단수 취급한다.)

10 부사

겉만 보고 판단하면 큰코 다친다

부사는 형용사의 형태와 똑같은 것이 많다. 하지만 문장에서의 위치에 따라 형용사인지 부사인지를 구별할 수 있다.

Come here **quick**.
빨리 이리로 와라. 〈부사〉

I had a **quick** breakfast.
급하게 아침을 먹었다. 〈형용사〉

형용사와 부사의 형태가 같은 것으로는 fast, just, near, early, pretty 등이 있다. 그리고 east, south, north, left, right 등은 형용사와 부사 뿐 아니라 명사도 그 형태가 같은 것들이다.

그러면 「그는 행복해 보인다」를 영작해 보자. 우리말식 발상으로 He looks happily.라고 해서는 안된다. He looks happy.가 맞다. 즉, He is happy.(그는 행복하다.)로 보이는 것이다. He lived happily.(그는 행복하게 살았다.)와 비교해 보자.

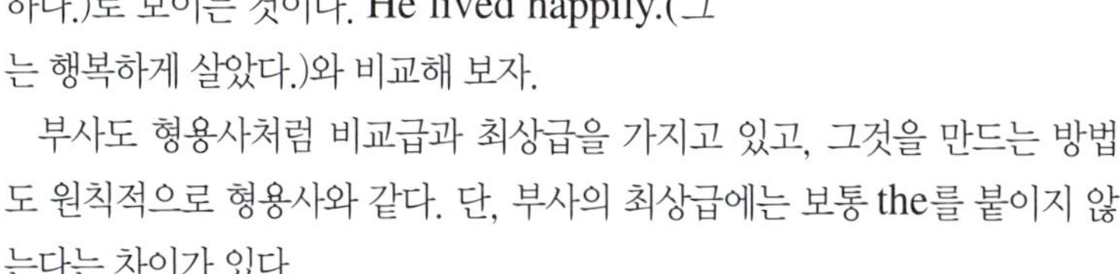

부사도 형용사처럼 비교급과 최상급을 가지고 있고, 그것을 만드는 방법도 원칙적으로 형용사와 같다. 단, 부사의 최상급에는 보통 the를 붙이지 않는다는 차이가 있다.

그리고 only와 there, ever, once, then 등은 위치와 문장 내용에 따라 여러 가지 의미로 해석될 수 있기 때문에 주의해야 한다.

부사는 동사나 형용사, 부사, 때로는 문장 전체를 수식한다.

I came home late last night 〈동사 came을 수식〉
You are very beautiful. 〈형용사 beautiful을 수식〉
They speak too fast. 〈부사 fast를 수식〉
Unfortunately, the thief has not been caught. 〈문장 전체를 수식〉

always, often, sometimes, never 등의 빈도를 나타내는 부사는 문장에서의 위치에 주의해야 한다.

I often go to the movies on Saturday. 〈일반 동사 앞〉
She is sometimes late for school. 〈be 동사 다음〉
I have never seen a UFO. 〈조동사와 본동사 사이〉

부사의 주된 역할은 동사, 형용사, 부사를 수식하는 것인데, 의미는 크게 다음과 같이 분류할 수 있다.

《양태》	well, hard, fast, slowly, kindly, happily 등.
《시간》	now, then, recently, soon, already 등.
《장소》	above, here, there, upstairs, up 등.
《정도》	very, much, little, enough, really, quite 등.
《빈도》	often, always, sometimes, never, hardly 등.
《순서》	first, secondly, last, next 등.
《관점》	morally, officially, strictly, mentally 등.
《원인 · 결과》	therefore, consequently, hence 등.

이 밖에 긍정 · 부정을 표현하는 no, yes, certainly 등과, 문장 전체를 수식하기도 하는 surely, perhaps, actually, oddly 같은 것들도 있다.

어떤 마을에서 한 농부의 의붓어머니가 그가 기르던 당나귀에 차여 돌아가셨습니다. 그 장례식이 치러집니다.

그녀가 매장될 때에 마을 남자들이 교회에 다 모였습니다.

장례가 끝난 후, 목사는 이 농부에게 기쁨을 전했습니다. "어머니는 은혜를 아주 많이 입고 계셨나 봅니다. 이렇게 많은 사람들이 교회에 온 적이 없었습니다."

농부: 이 사람들은 장례식에 온 것이 아니라 저 당나귀를 사러 온 것입죠.

: 이 얘기는 의붓어머니가 아주 황폐한 토지에서 당나귀한테 차여 해당하는 얘기입니다. 하지만 만약 그 상대가 의붓어머니가 아니라 악처로 고통 받는 마을이라면 아내를 대신해서, 또 남편이 권위를 잡고 있는 마을이라면 남편을 대신해서, [그런 당나귀가 있다면 나도 갖고 싶다]라는 장례식에 모인 사람들의 소원을 읽을 수 있습니다. 이 얘기는 상황에 따라서 적당히 읽어주면 어느 장소에서도 먹히는 이야기겠죠?

주어진 우리말을 참고하여 (　　) 안에 적절한 단어를 넣어 영문을 완성하시오.

① 나는 독서를 매우 좋아한다.
I am (　　) fond of reading.

② 중국 영토는 우리 나라 영토보다 훨씬 크다.
China's landmass is (　　) larger than ours.

③ 지면이 꽁꽁 얼었다.
The ground was frozen (　　).

④ 벌써 끝냈어? 그렇게 빠를 줄은 몰랐는데.
Have you finished it (　　)? I had no idea you were so quick.

⑤ 그는 이웃 사람들에게 평판이 좋다.
(이웃 사람들이 그를 좋게 이야기한다.)
He is (　　) spoken of by his neighbors.

⑥ 이 도시는 인구가 거의 5만 명이다.
This city has a population of (　　) 50,000 people.

⑦ 최근에 그와 이야기한 적이 있니?
Have you spoken with him (　　)?

⑧ 우리 학교는 도시 한복판에 있다.
Our school stands (　　) in the middle of the town.

⑨ 진정한 자유는 아무리 존중해도 지나치지 않다.
True liberty cannot be valued (　　) highly.

⑩ "수업이 벌써 시작됐니?" "아니, 아직이야."
"Has school begun (　　)?" "No, not yet."

⑪ 여름 휴가는 얼마 있으면 시작됩니까?
How (　　) does our summer vacation start?

⑫ 아기는 깊이 잠들었다.
The baby was (　　) asleep.

⑬ 그는 완전히 녹초가 되었다.
He was (　　) tired.

⑭ 4월치고는 상당히 춥군요, 안 그래요?
It is (　　) cold for April, isn't it?

⑮ 지금까지 나는 비행기를 타 본 적이 없다.
So (　　) in my life, I've never flown in an airplane.

⑯ 그는 절대로 바보가 아니다.
He is (a) but a fool.
= He is (b) from being a fool.

Answers

① **very** ② **much** / 비교급이나 최상급을 강조해 주는 much ③ **hard** (solid도 가능) / 여기에서 hardly(거의 …않다)는 쓸 수 없다는 데에 주의. ④ **already** / already(이미 …했다)는 보통 긍정문에서 사용된다. 그러나 이 문제에서처럼 놀라움을 표현하는 경우에는 의문문에서 쓰이기도 한다. 한편 yet(벌써 (…했는가), 아직 …(하지 않다))은 보통 의문문이나 부정문에서 쓰인다. ⑤ **highly** (또는 well) / speak highly of 「…을 좋게 말하다, 칭찬하다」 ⑥ **nearly** (또는 almost) / near는 장소 · 시간이 「가까이, 가까운」의 의미이지만, nearly는 「거의」라는 뜻이다. ⑦ **lately** (recently도 가능) / lately 「최근에, 요즘」 ⑧ **right** / right across the street(길 바로 맞은 편에) 등도 자주 사용되는 표현이다. ⑨ **too** / cannot + V + too ~ 「아무리 …해도 지나치지 않다」 ⑩ **yet** / 「이미 (…했는가), 아직 (…않다)」 ⑪ **soon** / How soon ~ 「어느 정도 빨리 …인가」 ⑫ **fast** (또는 sound) ⑬ **dead** (또는 extremely) ⑭ **pretty** (quite, rather도 가능) ⑮ **far** / so far(지금까지)는 보통 현재 완료 시제에서 쓰인다. ⑯ (a) **anything**, (b) **far** / anything but ~ 「결코 …아니다」=far from ~

11 명사

'S'가 붙지 않는 복수형도 있다

명사에는 셀 수 있는 명사(가산명사)와 셀 수 없는 명사(불가산명사)가 있다. 가산명사로는 보통명사와 집합명사가 있는데, 단수형과 복수형 사용이 가능하다. 단수형 앞에는 보통 부정관사(a, an)가 온다. 불가산명사로는 고유명사, 물질명사, 추상명사, (일부) 집합명사가 있는데, 보통 단수 취급된다.

〈집합명사〉

My family *are* all early risers.
우리 가족은 모두 일찍 일어난다. 〈복수 취급: 가족 구성원 하나하나에 주목〉

My family *is* large.
우리는 대가족이다. 〈단수 취급: 가족 전체를 하나의 집합체로 간주〉

단수형인 집합명사를 단수 취급해야 할지, 복수 취급해야 할지는 고민거리가 아닐 수 없다. 기본적으로 '하나의 집합체'로 쓰이는 경우에는 단수 취급, '집합체를 구성하고 있는 구성원 하나 하나'에 주목할 경우에는 복수 취급을 한다. 위의 family 외에도 class, committee 등이 그런 명사이다.

단, people과 police는 항상 복수 취급된다는 사실에 주의해야 한다.

한편 furniture는 항상 단수형으로 쓰이며, 동사도 단수로 받는다.

- There *is* a lot of furniture in this room.
  이 방에는 가구가 많다.

〈소유격〉

the room's door처럼 소유격을 만들 때에는 「's」를 붙이는 것이 원칙이지만, 앞의 단어가 s로 끝나는 경우에는 「'」만 붙인다.

ladies' room 「여성용 화장실」
Moses' law 「모세의 십계」

다음과 같은 형태에도 주의를 기울여야 한다.

a friend of my sister's 「내 여동생의 친구」

a my sister's friend라고는 하지 않는다. 이처럼 a(n), this, that, some, any 등과 함께 소유격을 쓰고자 할 때에는 of를 사용하여 소유격을 만드는데, 이를 이중 소유격이라고 한다.

또한 복합명사의 소유격은 다음과 같이 만든다.

my father-in-law's home 「장인[시아버지]의 집」

〈명사의 형용사적 용법〉

〈수사+명사〉가 형용사처럼 사용되어 다른 명사를 수식하는 경우가 있다.

a ten-year-old boy 「10세인 소년」
an 18-month moratorium 「18개월의 유예」
All the employees of this factory work a seven-hour day.
이 공장의 종업원들은 모두 하루에 7시간 근무한다.

이런 표현에 사용되는 year, month, hour는 형용사적 용법으로 쓰인 것이기 때문에 복수형으로 되지 않는다는 데에 주의하자.

〈물질명사 세는 법〉

five bars of *soap* 「비누 5개」
a lump of *sugar* 「각설탕 하나」
a cup of *coffee* 「커피 한 잔」
five sheets of *paper* 「종이 5장」
a pinch of *salt* 「약간의 소금, 미량의 소금」
a handful of *rice* 「쌀 한줌」

애미쉬 부자가 처음으로 마을 쇼핑가로 외출했습니다. 보는 것 듣는 것 전부가 다 놀라웠지만 그 중에서도 빌딩 엘리베이터 앞에서는 마른침을 삼켰습니다. "아빠, 이건 도대체 뭐야?"라고 묻는 아들에게 "도저히 모르겠다."라고 대답하는 아버지.

마침 그때 아주 뚱뚱한 중년부인이 다가와 엘리베이터를 탔습니다. 문이 닫히고 층을 표시하는 램프가 점점 바뀝니다. 드디어 숫자가 역으로 바뀌며 내려오는 것을 심각하게 바라보는 두 사람. 엘리베이터는 1층으로 돌아왔습니다.

드디어 문이 또 열렸습니다. 그러자 화려하고 예쁜 갈색 머리의 여성이 나왔습니다. 그 젊은 여성에게 시선을 고정시킨 채로 아버지는 조용히 말했습니다. "아들아, 엄마를 데려오너라."

주어진 우리말을 참고하여 (　　) 안에 적절한 단어를 넣어 영문을 완성하시오.

① 나는 그가 화내는 것을 본 적이 없다.
I have never seen him lose his (　　).

② 네가 하고 있는 말은 전혀 이치에 맞지 않는다.
What you're saying doesn't make any (　　).

③ 그는 그 연구에서 중요한 역할을 했다.
He played an important (　　) in the research.

④ 그 계획은 실행하기 어렵다.
It is difficult to put the plan into (　　).

⑤ 건강을 유지하려면 적당한 운동을 하시오.
Take moderate (　　) to keep in good health.

⑥ 개선의 여지가 다소 있는 것 같다.
There seems to be some (　　) for improvement.

⑦ 그와 악수했다.
I shook (　　) with him.

⑧ 그녀와 있으면 마음이 편안해진다.
I feel at ease in her (　　).

⑨ 여성이 큰소리로 말하면 예의가 없는 것으로 간주된다.
It is considered bad ( ) for ladies to speak loud.

⑩ 그는 내 여동생과 친구가 되고 싶어했다.
He wanted to make ( ) with my sister.

⑪ 그 방법은 교육적 견지에서 볼 때 좋지 않다.
The method is not good from an educational ( ) of view.

⑫ 나는 그의 의견에 찬성하지 않는다.
I am not in ( ) of his opinion.

⑬ 그가 이기든 지든 나와는 상관이 없다.
It makes no ( ) to me whether he wins or not.

⑭ 그는 더듬어서 방을 나갔다.
He felt his ( ) out of the room.

⑮ 그의 성공에는 많은 어려움들이 가로놓여 있었다.
There were a lot of difficulties in the ( ) of his success.

⑯ 사람은 말로 생각을 표현한다.
We express our thoughts by ( ) of words.

⑰ 그는 아이들을 기르는 일에 상당히 애쓰고 있다.
He is taking great (   ) in bringing up his children.

⑱ 우유는 몸에 좋다.
Milk will (   ) you good.

Answers

① **temper** / lose *one's* temper 「화를 내다」 ② **sense** / make sense 「이치에 닿다, 말이 되다」 → make no sense 「뜻이 통하지 않다」 ③ **part** (또는 role) / play a part[role] in ~ 「…에 있어서 역할을 하다」 ④ **practice** / put ~ into practice 「…을 실행하다」= carry out ⑤ **exercise** / take (moderate) exercise 「(적절한) 운동을 하다」 ⑥ **room** / room for improvement 「개선의 여지」, room for doubt 「의심의 여지」 ⑦ **hands** / shake hands with 「…와 악수하 다」 (복수형 hands를 쓴다는 데 주의) ⑧ **company** / in *someone's* company 「…와 같이 있으면」 ⑨ **manners** / 「예의, 예절」의 의미일 때는 복수형이 된다. ⑩ **friends** / make friends with 「…와 친구가 되다」 (복수형 friends를 사용한다는 데에 주의.) ⑪ **point** / from ~ point of view 「…의 견지에서 보면」 ⑫ **favor** / in favor of 「…에 찬성하여」=in support of ⑬ **difference** / make difference 「차이가 나다」 → make no difference 「차이가 없다, 마찬가지다」 ⑭ **way** / feel *one's* way 「손으로 더듬어 나아가다, 신중하게 행동하다」 ⑮ **way** / in the way of 「…의 방해가 되어」 ⑯ **means** / by means of 」…에 의하여, …으로」 (by way of 「…를 경유하여」, by[with] the help of ~ 「…의 도움으로」) ⑰ **pains** / take pains 「수고하다, 애쓰다」 ⑱ **do** / do ~ good[harm] 「…에게 이익[해]을 주다」=do good[harm] to ~

12 대명사

무엇을 '지시(指示)' 하고 있는가를 밝히자

대명사는 명사를 대신하는 것으로, 인칭대명사, 지시대명사, 부정대명사, 의문대명사, 관계대명사가 있다.

인칭대명사로는 I, you, it 등과 같은 1인칭, 2인칭, 3인칭이 있고, 수 · 격 · 성에 따라 변화형이 있다.

지시대명사로는 this, those 등이 있으며, 어떤 것을 가리키거나 때로는 형용사로 사용되기도 한다.

부정대명사로는 one, all 등이 있는데, 막연하게 불특정한 사람과 사물을 지시하는 경우에 쓰인다.

인칭대명사는 인칭을 구별하는 데 사용된다.

- We had a lot of rain last year.
  지난 해에는 비가 많이 왔었다.

- I made up my mind to work harder.
  나는 더 열심히 일할 것을 결심했다.

- I made a cake and gave it to the children.
  케이크를 만들어서 아이들에게 주었다.

- I met an old friend of mine yesterday.
  나는 어제 옛 친구를 만났다. 〈mine: 소유 대명사〉

지시대명사는 사물을 가리키는 데 사용된다.

- Shall I take this or that?
  이것으로 할까? 아니면 저것으로 할까?

부정대명사는 막연한 사람과 사물을 가리키는 데 사용된다.

- As I lost my watch, I must buy another one.
  = As I lost my watch, I must buy a watch.
  시계를 잃어버려서 다른 것을 하나 사야 한다.
  〈one은 불특정한 같은 종류의 것을 가리키고, it은 바로 그것, 특정한 것을 가리킨다. 잃어버린 그 시계가 아니라 그냥 시계를 하나 사야 하는 것이므로, 이 문장에서는 it이 아니라 one이 쓰였다.〉

- He has three dogs: one is black, and the others white.
  그는 개를 세 마리 키우고 있는데, 한 마리는 검정이고 나머지는 흰색이다.

의문대명사에는 who(whose, whom), what, which가 있다.

- What made you so happy?
  무엇이 그렇게 기쁘니?

- Which do you prefer, tea or coffee?
  홍차와 커피 중 어느 쪽이 좋습니까?

Exercise • 대명사 •

주어진 우리말을 참고하여 (　　) 안에 적절한 단어를 넣어 영문을 완성하시오.

① 이산화탄소는 그 자체로는 독이 아니다.
Carbon dioxide is not poisonous in (　　).

② 너는 스스로 판단해야만 한다.
You must judge for (　　).

③ 여기서 역까지는 얼마나 됩니까?
How far is (　　) from here to the station?

④ 달의 중력은 지구의 6분의 1이다.
The gravity of the moon is one-sixth (　　) of the earth.

⑤ 우리끼리 얘기지만, 나는 그가 싫다.
Just between (　　), I do not like him.

⑥ 그녀는 영어를 말할 줄 안다. 그것도 유창하게.
She can speak English, and (　　) fluently.

⑦ 지금은 과학 기술의 시대이다.
(　　) is the age of technology.

⑧ 알고 있는 것과 가르치는 것은 별개다.
To know is one thing; but to teach is (　　).

⑨ 그는 막대한 재산을 혼자 차지하고 있다.
He has a large fortune to (   ).

⑩ 그 이야기는 네 가슴 속에 묻어 두기 바란다.
I want you to keep the news to (   ).

⑪ 환자를 안심시키기 위해서 무슨 말이든 하는 의사도 있다.
(a) doctors say (b) to relax their patients.

⑫ 그녀는 정직 그 자체이다.
She is honesty (   ).

⑬ 하늘은 스스로 돕는 자를 돕는다.
Heaven helps (   ) who help themselves.

⑭ 그의 연설은 그곳에 있었던 사람들에게 감동을 주었다.
His speech impressed (   ) present.

⑮ 과일을 마음껏 드십시오.
Please help (   ) to some fruit.

⑯ "UFO를 본 적이 있습니까?" "예, 있습니다."
"Have you ever seen a UFO?" "Yes, I have seen (   )."

⑰ 토끼 귀는 고양이 귀보다 길다.
The ears of a rabbit are longer than (　　) of a cat.

⑱ 뭐 안 좋은 일 있니?
Is (　　) wrong with you?

Answers

① **itself** / in itself 「그 자체로는, 본래는」 ② **yourself** / for *oneself* 「스스로, 자신을 위하여」 ③ **it** / it은 「거리 · 시간 · 기후」를 나타내는 문장의 비인칭 주어로 사용된다. ④ **that** / 같은 말의 반복을 피하기 위해 사용된다. 여기서는 gravity를 대신하는데, 단수형이므로 that을 써준다. ⑤ **ourselves** (또는 us) / between[among] ourselves 「우리끼리 이야기지만」 ⑥ **that** / and that 「게다가」 ⑦ **This** / after this(지금부터는)에서처럼 this에는 「지금」의 의미도 있다. ⑧ **another** / 「다른 것, 별개의 것」이라는 의미의 대명사 ⑨ **himself** / have ~ to *oneself* 「…을 독점하다」 ⑩ **yourself** / keep ~ to *oneself* 「…을 자신의 가슴에 묻어 두다, 비밀로 하다」 ⑪ (a) **Some**, (b) **anything** / 「some+복수 명사」가 주어가 될 때는, 「…중에는 …하는 사람도 있다」라고 해석할 때가 많다. ⑫ **itself** / 〈추상명사+itself〉=〈very+형용사〉 ⑬ **those** / those who ~ = people who ~ ⑭ **those** / those present=those who were present 「출석자, 모인 사람들」 ⑮ **yourself** / help *oneself* to 「…을 마음껏 먹다」 ⑯ **one** / 특정 UFO가 아니라 불특정한 것을 가리키는 대명사이므로 one을 쓴다. it을 쓰지 않는다는 것에 주의. 만약 질문에서 that UFO라고 했다면, 그 때는 특정 UFO에 대해서 묻는 것이 되므로 대답할 때 it으로 받는다. ⑰ **those** / 복수형을 대신하는 대명사를 써야 하므로 that이 아니라 those를 쓴다는 점에 주의. ⑱ **anything** / 의문문에서는 보통 anything을 쓰지만, 긍정적인 대답을 원할 때는 특히 something을 쓸 수도 있다.

웃어봅시다!

변호사와 금발이 비행기에서 서로 옆자리에 앉게 되었습니다. 옆자리에서 막 자려고 하는 금발에게 변호사가 수수께끼놀이를 하자고 합니다. 금발이 자꾸 거절하자 변호사는 이렇게 말합니다.

"당신이 정답을 모르면 벌금 5달러, 내가 모르면 50달러 어때요?"

"정~ 그러시다면"이라며 마지못해 신청을 받아들인 금발에게 변호사는 바로 "지구에서 달까지 거리는?"하고 물었습니다. 그러자 금발은 아무 말 없이 5달러를 냅니다.

다음은 금발 차례. "산에 올라갈 때는 다리가 세 개인데 내려올 때는 다리가 네 개인 것은 무엇?" 변호사는 인터넷으로 검색하고 잡학 다식한 친구에게 전화하거나 해서, 모든 수단을 다 동원해보지만 도저히 알 길이 없습니다. 그 사이 금발은 잠이 들어 버렸습니다.

한 시간이 훨씬 지나고 그는 금발 아가씨를 깨워 50달러를 줬습니다. 금발은 그 50달러를 소중하게 받아 들고 방향을 돌려 다시 잠을 청했습니다.

변호사는 조금 화가 나서 금발 아가씨의 어깨를 치면서 물어봅니다. "그런데, 정답은 대체 뭔가요?"

금발은 말 한마디 없이 지갑에 손을 뻗어 변호사에게 5달러 짜리 한 장을 건냈습니다.

그리고 다시 잠을 청했습니다.

: 변호사는 현명하고 빈틈없는 인종의 대표. 그리고 그 변호사와 금발의 조합이라서 독자는 당연히 변호사에게 심하게 바보 취급당하는 금발을 상상합니다. 이 개그에서도 변호사는 그런 것을 기대해서 일부러 자신에게 불리한 거래를 하자고 하지만 어찌된 영문인지 당연히 빈틈투성이여야 할 금발 아가씨에게 당하고 맙니다.

마지막에 금발이 5달러를 낸 것은 자기도 답을 모르기 때문에 규칙에 따라 5달러를 낸 것이죠. 처음부터 얼토당토 안한 문제를 내서 약삭빠르게 차액을 가로챈 변호사에게 이 얼마나 현명한 금발의 반격인가요!

지금까지 금발이라고 하면 머리가 조금 딸리는 여성의 대명사라고 몇 개의 개그를 소개했지만 이번 금발은 조금 다르네요.

PART 2

• 실전 트레이닝 1단계 •

|괄호넣기 문장완성|

괄호 안에 적절한 단어를 넣는 형식인데, 너무 깊이 생각하지 말고 즉흥적으로 답해봅시다. 답을 확인한 다음에는 반드시 소리를 내어 다시 한 번 읽어보도록 합시다. 그렇게 반복하다보면 표현력이 늘어가고 있는다는 것을 실감할 수 있을 것입니다.

Unit 01 Go

#01

001 일부 아이들에게는 적은 돈이라도 굉장하게 생각되는 법이다.

With some children, small sums of money go a long (　　　).

002 지금 숙제를 시작해야 한다.

Now I must go (　　　) my homework.

003 계속 이런 식으로 살아갈 수는 없다.

We cannot go (　　　) living this way.

004 이야기를 계속해 주십시오.

Please go (　　　) with your story.

005 모두에게 돌아갈 만큼의 사과가 없었다.

There weren't enough apples to go (　　　).

Answers

- □ 001 **go a long way** 「크게 도움이 되다, 쓸모가 있다」= go far
- □ 002 **go about ~** 「…을 시작하다; 돌아다니다」
- □ 003 **go on ~ing** 「계속 …하다」= continue to do = continue ~ing
- □ 004 **go on with ~** 「…을 계속하다」= continue with
- □ 005 **go around** 「(음식물 등이) 모두에게 돌아가다」

006 총이 잘못 발사되었다.

The gun went (   ) by accident.

007 세관 직원이 나를 정지시킨 다음, 가방 안을 구석구석 조사했다.

The customs man stopped me and went (   ) my bags.

008 봄이 지나고 여름이 왔다.

Spring is (   ) and summer is here.

009 우유가 상했다.

The milk went (   ).

Answers

- □ 006 **go off** 「(총 등이) 발사되다, 폭발하다」, 「(일 등이) 되어가다」
- □ 007 **go through ~** 「(빈틈없이) …을 조사하다」, 「지나가다, 통과하다」, 「경험하다」
- □ 008 **be gone** 「지나가다」 *go에는 「시간이 지나다」라는 의미가 있다.
- □ 009 **go sour** 「시어지다, 상하다」 *go rotten 썩다, 부패하다

010 그 이야기는 선조 때부터 전해 내려오는 이야기다.

The tale has come (   ) to us from our ancestors.

011 수마트라에 머무는 동안 그는 말라리아에 걸렸다.

He came down (   ) malaria while staying in Sumatra.

012 서랍을 살펴보다가 마침 찾고 있던 것을 찾았다.

Searching through a drawer, I came (   ) just the thing I had been looking for.

013 건축 예술이 한창이었다.

The art of architecture came (   ) bloom.

Answers

- □ 010 **come down to A from B** 「(전설이나 습관 등이) B에서부터 A로 전해지다」
- □ 011 **come down with ~** 「(병 따위에) 걸리다」
- □ 012 **come upon[on] ~** 「(사람을) 우연히 만나다, (물건을) 우연히 찾아내다」
- □ 013 **come into ~** 「(장소 · 상태 등에) 들어가다」
  *come into bloom 피기 시작하다, 개화하다, 한창이다

014 그것은 결과가 좋을 것이다.

It will come (   ) right.

015 그 책은 언제 나옵니까?

When will the book come (   )?

016 너는 어떻게 이 돈을 손에 넣었느냐?

How did you come (   ) this money?

017 사투리로 어느 지방 출신인지 알 수 있다.

Our accents show what part of the country we come (   ).

Answers

- ☐ 014 **come out ~** 「(결과가) …이 되다」〈부사나 서수사를 동반〉
  *come out first 1위가 되다
- ☐ 015 **come out** 「출판되다」
- ☐ 016 **come by ~** 「…을 손에 넣다」= acquire, obtain
- ☐ 017 **come from ~** 「…태생이다, …출신이다」

018 충분히 먹었습니다.

I have (   ) enough.

019 더 이상 그녀에게 말할 생각이 없다.

I had a mind not (   ) speak to her any more.

020 그녀가 어떤 옷을 입고 있었는지 확실히 기억나지 않는다.

I don't remember exactly what kind of clothes she had (   ).

021 아마 나이는 그것과 다소 관계가 있을 것이다.

Perhaps age has something to do (   ) it.

Answers

- □ 018 **had** 현재완료 문장이므로 답이 had가 되는 것이다.
  *have는 「먹다=eat, 마시다=drink, take」의 의미.
- □ 019 **have a mind to *do*** 「…할 마음[생각]이 있다」
- □ 020 **have on ~ / have ~ on** 「…을 입고 있다」〈상태〉= wear
- □ 021 **have something to do with ~** 「…과 관계[관련, 거래]가 있다」

022 그가 자기는 그 일과 관계가 없다고 말했다.

He said he had nothing ( ) do with the affair.

023 너무 바빠서 머리 깎을 시간도 없다.

I am too busy to ( ) ( ) ( ) cut.

Answers

□ 022 **have nothing to do with ~** 「…과 전혀 관계[관련, 거래]가 없다」

□ 023 **have my hair cut** 「머리를 깎다」

*〈have+목적어+과거분사〉는 「…를 ~하게 하다, …에게 ~시키다」이다.

024 그는 그럭저럭 체면을 유지하고 있다.

He somehow manages to keep (   ) appearances.

025 그것은 명심해 두어야 할 금언이다.

That is a proverb which you ought to keep (   ) mind.

026 그는 명예롭게 약속을 지켰다.

He honorably (   ) (   ) (   ).

027 그는 나를 줄곧 기다리게 했다.

He kept me (   ).

Answers

- □ 024 **keep up appearances** 「체면을 유지하다, 체면을 세우다」
- □ 025 **keep ~ in mind / keep in mind that ~** 「…을 명심하다, 기억해 두다」
- □ 026 **keep *one's* promise** 「약속을 지키다」
  ↔break *one's* promise 약속을 어기다
- □ 027 **keep + 목적어 + 보어(waiting)** 「…를 계속 기다리게 하다」
  *keep+목적어+보어(~ing) …를 ~하는 상태로 놔두다

028 집에 도착할 때까지 내가 잠들지 않게 해 준 사람이 있어서 다행이었다.

I was happy to have someone to keep me (   ) till I arrived home.

029 나는 수업을 따라 가려고 열심히 노력했다.

I tried hard to keep (   ) with the class.

030 아이들이 못된 짓을 하지 못하게 해야 한다.

We should keep the children (   ) of mischief.

Answers

- □ 028 **keep + 목적어 + 보어(awake)** 「…를 ~의 상태로 유지시키다, …을 ~로 해 두다」
- □ 029 **keep up with ~** 「(공부나 시류에 뒤쳐지지 않고) 따라가다」
- □ 030 **keep A out of B** 「A를 B에 접근하지 못하게 하다, 관계하지 못하게 하다」

031 부탁이 있습니다.

Would you do me a (   )?

032 이 약은 틀림없이 네게 효과가 있을 것이다.

I believe this medicine will do you (   ).

033 흡연은 암과 관계가 깊다.

Smoking has a great deal to do (   ) cancer.

034 그것이 없어도 괜찮다.

I can (   ) (   ) it.

Answers

- □ 031 **Would you do me a favor?**
  누군가에게 어떤 것을 부탁할 때 쓰는 관용 표현이다.
  *do가 「…에게 ~을 제시하다, 가져가다」라는 의미로 쓰일 때는 이중 목적어를 취한다.
- □ 032 **do ~ good** 「…에게 이익[효과]이 되다」
- □ 033 **have to do with ~** 「…과 관계가 있다」 *No. 021, 022를 참조
- □ 034 **do without ~** 「…없이 지내다, 꾸려 나가다」

035 너는 집에 돌아가는 것이 좋겠다.

You would do well (   ) go home.

036 이 기계를 어떻게 사용하면 되는지 가르쳐 주십시오.

Please tell me what to do (   ) this machine.

037 자, 당장 가서 머리를 손질하고 와라.

Go and (   ) (   ) (   ) immediately.

038 차는 시속 60마일로 달리고 있다.

The car is (   ) (   ) (   ) an hour.

039 그들은 파리를 관광하고 있다.

They are (   ) (   ) (   ) of Paris.

Answers

- □ 035 **do well to *do*** 「…하는 편이 좋다, …하는 것이 현명하다」
- □ 036 **do with ~** 「…을 처리하다, 다루다」
- □ 037 **do *one's* hair** 「머리를 손질하다」〈목적어에 따라 do의 의미가 달라진다〉
- □ 038 **be doing sixty miles** 「60마일로 달리고 있다」
  ＊여기에서 do는 「달리다, 앞으로 나가다」라는 의미이다.
  e.g. This car does six kilometers to the liter. 이 차는 리터당 6킬로를 달린다.
- □ 039 **do the sights of ~** 「…를 구경하다, 관광하다」 = see the sights of

040 너는 나쁜 버릇을 버려야만 한다.

You must do away (　　　) your bad habits.

041 케이트는 거울 앞에서 머리를 묶고 있다.

Kate is doing (　　　) her hair in front of the mirror.

042 내 짐을 어떻게 했어? (어디로 보냈어?)

What have you done (　　　) my baggage?

043 잠만 자기를 원한다면 이 방으로 충분할 겁니다.

If you just want to sleep, this room (　　　) (　　　) fine.

Answers

□ 040 **do away with ~** 「…을 그만두다」

□ 041 **do up** 「머리를 땋다, 머리를 핀으로 고정시키다」

*그 외에도 「단추를 잠그다」, 「묶다」, 「매다」, 「싸다」 등의 의미가 있는데, 의미는 목적어를 보고 그에 적절하게 해석하면 된다.

□ 042 **do with ~** 「…을 처리하다, 다루다」 *No. 036 참조

□ 043 **will do** 「쓸모가 있다, 충분하다」

*That will do. 「그것으로 충분하다.」도 자주 사용하는 표현.

Unit 06 Get #06

044 우리는 그가 어려움을 극복할 수 있게 도왔다.

We helped him to get (   ) his difficulties.

045 우리는 마을에서 길을 잃었다.

We got (   ) in the town.

046 그가 내일 돌아올 것이라고 생각한다.

I expect him to get (   ) tomorrow.

047 나는 매일 아침 6시 반에 일어난다.

I get (   ) at half past six every morning.

048 그가 일어섰다.

He got (   ) on his feet.

Answers

- ☐ 044 **get over ~** 「…을 극복하다, 이겨내다, 회복하다」
- ☐ 045 **get lost** 「길을 잃다」
- ☐ 046 **get back** 「돌아오다」
- ☐ 047 **get up** 「일어나다, 기상하다」
- ☐ 048 **get up on *one's* feet** 「일어서다」

049 조만간 모일 수 있기를 바란다.

I hope we can get (   ) soon.

050 그는 말에서 내렸다.

He got (   ) the horse.

051 그 환자는 이제 걸을 수 있다.

The patient can now get (   ).

052 그는 굶주림을 이겨냈다.

He got the better (   ) hunger.

053 내가 빠져나갈 수 있을까?

Can I get (   )?

Answers

- ☐ 049 **get together** 「모이다, 만나다」
- ☐ 050 **get off ~** 「(탈것 등에서) 내리다」
- ☐ 051 **get about** 「돌아다니다, (병에서 회복되어) 걸을 수 있게 되다」
- ☐ 052 **get the better of ~** 「…을 이기다」 = defeat
- ☐ 053 **get by** 「통과하다, 빠져나가다」

054 너무 바빠서 빠져나갈 수가 없다.

I am too busy to get (   ).

055 네 도움이 없어도 살아갈 수 있다.

I can get (   ) without your help.

056 그의 일은 어떻게 진척되고 있습니까?

How is he getting (   ) with his work?

Answers

- ☐ 054 **get away** 「도망가다, (일 따위에서) 떠나다」
- ☐ 055 **get along (without ~)** 「(…없이) 지내다, 살아나가다」
- ☐ 056 **get along** 「(일 따위가) 진척되다, 지내다」

057 잃어버린 시간을 보충해야 한다.

We must make up (　　　) lost time.

058 그의 손해를 보상해 주어야 한다.

We must make it (　　　) to him for his loss.

059 결국 그들은 화해했다.

They finally made up (　　　) each other.

060 그는 그 연극에서 로미오로 분장했다.

He made himself up (　　　) Romeo in the play.

Answers

- □ 057 **make up for ~** 「(부족 · 손실 등)을 보충하다, 만회하다, 벌충하다」
- □ 058 **make it up to A for B** 「A에게 B를 갚다, 보상하다」
- □ 059 **make up with ~** 「…와 화해하다」
- □ 060 **make *oneself* up as ~** 「(무대에서) …로 분장하다」
  *「…로 화장하다」에서 파생

061 그 소녀가 내 자전거를 가지고 달아나는 젊은 사람 쪽을 가리켰다.

The girl pointed in the direction of a youth making off (   ) my bicycle.

062 그가 등을 돌렸을 때 그녀는 얼굴을 찌푸렸다.

She made a (   ) at his back.

063 아버지가 주무시고 있는 동안은 떠들지 마라.

Don't make any (   ) while your father is asleep.

064 제 친구에게 자리를 양보해 주시겠습니까?

Would you kindly make (   ) for my friend?

065 이 메시지의 의미를 잘 모르겠다.

This message doesn't make (   ).

Answers

- ☐ 061 **make off with ~** 「…을 가져가 버리다, 훔치다」 = make away with
- ☐ 062 **make a face** 「얼굴을 찌푸리다(…에: at)」 = make faces
- ☐ 063 **make a noise** 「떠들다, 떠들어대다」
- ☐ 064 **make room for ~** 「…에게 자리를 양보하다, …를 위해 장소를 비워 두다」
- ☐ 065 **make sense** 「뜻이 통하다, 이치에 맞다」

066 자동차 운전자는 기를 쓰고 여행을 서둘렀다.

The motorist was anxious to make (   ) on his trip.

067 외국어를 배울 때는 사전을 최대한 활용해야 한다.

When learning a foreign language, we should make the (   ) use of dictionaries we can.

068 그 팀은 11명의 선수로 구성되어 있다.

The team is made up (   ) eleven players.

069 그 소년은 아픈 척했다.

The boy made (   ) that he was sick.

Answers

- □ 066 **make time** 「서두르다, (뒤쳐진 것을 만회하기 위해) 스피드를 올리다」
- □ 067 **make the best use of ~** 「…을 충분히 이용하다, 최대한 활용하다」
- □ 068 **be made up of ~** 「…으로 만들어지다, …로 구성되다」
- □ 069 **make believe that ~** 「…인 체하다」 = make believe *to do*

070 나는 영어로 의사 소통을 할 수 없었다.

I couldn't make (   ) understood in English.

071 그는 무엇을 해야 할지를 곧 결심할 것이다.

He will soon make up his (   ) what to do.

072 그는 열심히 공부해서 마침내 성공할 것이다.

He works so hard that he will eventually make (   ).

073 그들은 나무로 배를 만들었다.

They made a boat (   ) wood.

Answers

- □ 070 **make *oneself* understood**
  「자기의 생각[말]을 다른 사람에게 이해시키다」
- □ 071 **make up *one's* mind to *do*** 「…하기로 결심하다」 *No. 019 참조
- □ 072 **make good** 「성공하다」 = succeed
- □ 073 **make A of B** 「B로 A를 만들다」 *일반적인 재료를 나타낼 때는 of를 쓴다.

074 와인은 포도로 만들어진다.

Wine is made (　　　) grapes.

075 우리들은 함께 집을 향해 서둘러 갔다.

Together we made (　　　) home.

076 너는 사물을 지나치게 중요시한다.

You make too much (　　　) things.

077 그가 무슨 말을 하는지 이해할 수 없었다.

I couldn't make (　　　) what he meant.

Answers

□ 074 **make A from B** 「B로 A를 만들다」
*일반적으로 재료나 원료를 나타낼 때, 그 성질이 변화되는 경우에는 from을 쓴다.

□ 075 **make for ~** 「…쪽으로 서둘러 가다」

□ 076 **make too much of ~** 「…을 굉장히 중시하다」
*make much of ~ …을 중시하다

□ 077 **cannot make out ~** 「…을 이해할 수 없다」

Unit 08 Let

#08

078 그녀는 불어는 말할 것도 없고 영어도 못한다.

She doesn't speak English, let (   ) French.

079 식물은 탄산가스를 흡입하고 산소를 내뿜는다.

Plants take in carbon dioxide and let (   ) oxygen.

080 이걸 발설하면 더 이상 네게 아무 것도 이야기하지 않겠다.

I'll never tell you anything again if you let this (   ).

081 내가 고양이를 집 밖으로 내보내 주어서 그녀는 화를 냈다.

She was angry because I had let the cat (   ) of the house.

082 그 개를 가만히 두지 않으면, 물릴 것이다.

If you do not let the dog (   ), it will bite you.

Answers

- □ 078 **let alone ~** 「…은 말할 것도 없고」 〈보통 부정문에서〉 *No. 082와 구별
- □ 079 **let out ~ / let ~ out** 「…을 밖으로 내보내다, 방출하다」
- □ 080 **let out ~ / let ~ out** 「(비밀 등)을 폭로하다, 발설하다」
- □ 081 **let ~ out** 「내보내다」 *let in 안에 넣어 주다, let loose 해방시키다
- □ 082 **let ~ alone** 「…을 그대로 두다, …에 간섭하지 않다」

Unit 09 Take #09

083 그가 다시 입학 시험에 떨어지는 것은 당연하다고 생각한다.

I take it (   ) granted that he'll fail the entrance exams again.

084 그는 이번 경기에 참가할 것이다.

He will take part (   ) the upcoming contest.

085 그는 급하게 신을 벗었다.

He quickly took (   ) his shoes.

086 그는 휴가 때, 유럽으로 날아갔다.

He took (   ) on a holiday for Europe.

087 아기는 유모를 따르기 마련이다.

The baby will take (   ) his nursemaid.

Answers

- □ 083 **take it for granted that ~** 「…을 당연하게 여기다」
  *it과 that은 생략되기도 한다.
- □ 084 **take part in ~** 「…에 참가하다」
- □ 085 **take off ~ / take ~ off** 「(옷이나 신발 등)을 벗다, (안경)을 벗다」
- □ 086 **take off** 「이륙하다, (비행기로) 날아가다」
- □ 087 **take to ~** 「…에게 정들다, 따르다」

088 가게 주인은 15% 깎아 주는 데 동의했다.

The shopkeeper agreed to take (   ) 15 percent.

089 그는 내 전화번호를 자기 수첩에 적었다

He took (   ) my telephone number in his notebook.

090 언젠가 그녀의 아버지를 그녀의 오빠로 착각한 적이 있었다.

I once took her father (   ) her brother.

091 내가 그만두면, 그가 내 자리를 대신할 것이다.

He will take (   ) my position when I leave.

092 그들이 당신의 강의를 얼마나 이해했을까요?

How much of your lecture did they take (   ), I wonder?

Answers

- □ 088 **take off** 「(금액과 비율)을 공제하다, (가격을) 깎다」
  *take 15 percent off the price라고도 한다.
- □ 089 **take down ~ / take ~ down** 「…을 적어 두다」
- □ 090 **take A for B** 「A를 B로 착각하다, A를 B라고 생각하다」
- □ 091 **take over ~ / take ~ over** 「…을 인계받다, 대신하다」
- □ 092 **take in ~ / take ~ in** 「…을 이해하다, 받아들이다」〈부정문 · 의문문에서〉

093 저 집을 살 때, 나는 감쪽같이 속았다.

I was nicely taken (   ) when I bought that house.

094 대학에 가면 사회학을 연구하고 싶다.

I want to take (   ) sociology when I go to college.

095 실례를 무릅쓰고 편지를 올립니다. 〈편지문에서〉

I'm taking the liberty (   ) write to you.

096 밧줄을 꽉 잡아!

Take hold (   ) the rope!

097 간호사는 환자, 부상자나 노인을 돌보는 사람이다.

A nurse is a person who takes care (   ) the sick, the injured or the old.

Answers

- □ 093 **be taken in** 「속다」
- □ 094 **take up ~ / take ~ up** 「(일 · 연구 따위를) 시작하다, 종사하다」
- □ 095 **take the liberty to *do*** 「실례를 무릅쓰고 …하다」
- □ 096 **take hold of ~** 「…을 잡다, …을 파악하다」,
  **Hold on to* the rope and don't let go. 밧줄을 꽉 붙잡고 놓지 마라.
- □ 097 **take care of ~** 「…을 보살피다」

098 어제 그 책을 반납했어야 했다.

I had to take the book (   ) yesterday.

099 그의 충고를 잘 들어라. 그럴 거지?

Take notice (   ) his advice, will you?

100 그는 의장의 책임을 맡았다.

He took (   ) the responsibility of chairman.

101 토론에서 어머니가 자기편을 들어주리라는 것을 그는 알고 있었다.

He knew his mother would take his (   ) in the argument.

102 그의 의견에 당황했다.

I was taken (   ) by his opinion.

Answers

- □ 098 **take back ~ / take ~ back** 「(빌린 것)을 돌려주다, (상품)을 반품하다」
- □ 099 **take notice of ~** 「…에 주의하다, 주목하다, 알아차리다」
- □ 100 **take on ~ / take ~ on** 「(일 등)을 맡아서 하다, (책임)을 맡다」
- □ 101 **take *one's* side** 「…의 편을 들다, 지지하다」= take the side of ~
- □ 102 **be taken aback** 「당황하다, 깜짝 놀라다」

103 그는 엄마 쪽을 닮았다고 한다.

He is said to take (   ) his mother's family.

104 자, 앉으세요.

Take a (   ), please.

105 그것을 한 번 더 보여주시겠습니까?

Could I take one more (   ) at it?

106 그는 감정을 드러내지 않으려고 애썼다.

He took pains (   ) hide his feelings.

Answers

103 **take after ~** 「…를 닮다」

104 **Take a seat, please.** 「앉으세요」

*Is this seat taken? 이 자리는 비어 있습니까?

105 **take[have] a look at ~** 「…을 훑어 보다」

*take a close look at ~ …을 자세히 보다

106 **take pains to *do*** 「…하려고 애쓰다」 = take pains with

Unit 10 Give

#10

107 그는 담배를 끊었다.

He gave (　　　) smoking.

108 그녀를 죽은 것으로 하고 단념했다.

I gave her up (　　　) dead.

109 결국 그는 그 계획을 포기해야 했다.

He was obliged to give (　　　) the plan at last.

110 가뭄으로 저수지 물이 말라버렸다.

The water in the storage dam gave (　　　) as the result of dry weather.

Answers

- □ 107 **give up ~ing** 「…하는 것을 포기하다」
- □ 108 **give ~ up for dead** 「…를 죽은 것으로 단념하다」
- □ 109 **give up ~ / give ~ up** 「…을 포기하다, (희망 등)을 버리다」
- □ 110 **give out** 「(사물 · 힘 따위가) 다하다, 없어지다」

111 처음에는 딸을 혼자 외국에 보내고 싶지 않았지만, 결국 내가 졌다.

Although I was at first reluctant to let my daughter go abroad alone, I finally gave (   ).

112 그는 자기 수입의 반을 그 불쌍한 고아에게 나누어주었다.

He gave (   ) half of his income to the poor orphan.

Answers

- ☐ 111 **give in** 「항복하다, 양보하다」 *give in to ~ …에 항복하다
- ☐ 112 **give away ~ / give ~ away** 「…을 거저 주다, 분배하다」

Unit 11 Put

#11

113 그는 출발을 연기해야 했다.

He had to put (   ) his departure.

114 우리들은 작은 여관에 묵었다.

We put up (   ) a small inn.

115 당신에게 하고 싶은 말은 있지만 어떻게 말해야 좋을지 모르겠다.

I want to tell you something, but I don't know (   ) (   ) (   ) it.

116 그녀는 이야기 할 때, 항상 으스댄다.

When she talks, she always puts (   ) airs.

117 영국은 차(茶)에 세금을 부과한다.

England put a tax (   ) tea.

Answers

- □ 113 **put off ~ / put ~ off** 「…을 연기하다」
- □ 114 **put up at ~** 「…에 묵다」 **put up with* him 그의 집에 묵다
- □ 115 **how to put** 「표현하는 방법」 *put에는 「표현하다」라는 의미가 있다.
- □ 116 **put on airs** 「으스대다, 젠체하다」
- □ 117 **put a tax on ~** 「…에 세금을 부과하다」

118 시계 바늘을 되돌릴 수는 없다.(=옛날로 돌아갈 수는 없다.)

We cannot put the clock (   ).

119 너는 본말을 전도시키고 있어.

You are putting the cart (   ) the horse.

120 의사는 진료소 앞에 간판을 걸었다.

The doctor put (   ) a sign in front of his office.

121 다른 사람에게도 반대 의견을 말할 기회를 주십시오.

Give others a chance to put (   ) opposing views.

Answers

- □ 118 **put back ~ / put ~ back** 「(시계 바늘 따위를) 되돌리다, 고치다」
- □ 119 **put the cart before the horse** 「본말(本末)을 전도하다」
  *직역하면 「말 앞에 수레를 놓다」라는 뜻으로, 「앞뒤가 바뀌다」, 「본말을 전도하다」라는 구어표현이다.
- □ 120 **put up a sign** 「간판을 걸다, 간판을 올리다」
  *put up a flag 깃발을 올리다,   put up a tent 텐트를 치다
- □ 121 **put forward ~ / put ~ forward** 「(의견이나 제안)을 내놓다」

122 그들은 대규모 광고 캠페인을 기획했다.

They put (   ) a big advertising campaign.

123 그는 치통을 꾹 참았다.

He put up (   ) the toothache patiently.

124 만일을 대비해 그는 매주 조금씩 돈을 모으고 있다.

He puts (   ) a little money every week so as to have something for a rainy day.

125 나는 불을 끄고 잤다.

I put the light (   ) and went to bed.

Answers

□ 122 **put together ~ / put ~ together**
「모으다, (기계 등을) 조립하다, (계획을) 종합 판단하다」

□ 123 **put up with ~** 「…을 참다」 = bear, endure

□ 124 **put away ~ / put ~ away** 「…을 저축하다; …을 피하다」
*for a rainy day 만일을 대비하여

□ 125 **put out ~ / put ~ out** 「(불이나 등)을 끄다」

126 나의 선조는 뉴욕에 뿌리를 내렸다.

My ancestors put (   ) roots in New York.

127 내가 하는 말을 적어 두시오.

Put (   ) what I say.

128 의사가 너(의 병)를 곧 치료해 줄 것이다.

The doctor will put you (   ) soon.

Answers

- ☐ 126 **put down roots** 「뿌리를 내리다, 정착하다」
- ☐ 127 **put down ~ / put ~ down** 「…을 적어 두다」 = write down
- ☐ 128 **put ~ right** 「…의 병을 고치다, …을 정상으로 되돌리다」

Unit 12 In·On·By #12

129 그가 한 말은 사실에 근거한 것이 아니다.

What he says is not based (   ) fact.

130 긴급할 때는 언제든지 저축해 놓은 것을 쓸 수 있다.

In an emergency we can always fall back (   ) our savings.

131 존은 메리보다 세 살 위다.

John is older than Mary (   ) three years.

132 간발의 차이로 기차를 놓치고 말았다.

I missed the train only (   ) a minute.

Answers

- ☐ 129 **be based on ~** 「…에 근거[기초]를 두다」 〈근거의 on〉
- ☐ 130 **fall back on ~** 「…에 의지하다, …을 마지막 근거로 삼다」 〈의존의 on〉
- ☐ 131 **by** 〈차이의 by〉= John is three years older than Mary.
- ☐ 132 **only by a minute** 「불과 1분 차이로」 〈차이의 by〉
  = *by* only-one minute, *by* a hairsbreadth 간발의 차이로, 아슬아슬하게, 가까스로

133 이 책은 시판되고 있지 않다.

This book is not (   ) the market.

134 많은 대도시에서 범죄가 확실히 증가하고 있다.

Crime is certainly (   ) the increase in many of our big cities.

135 그 도시에 도착하자마자, 그를 방문했다.

(   ) arriving in the city, I visited him.

136 새는 씨앗이나 옥수수 씨를 먹고산다.

Birds feed (   ) berries and corn seeds.

Answers

- □ 133 **be on the market** 「팔려고 내놓다」 〈상태의 on〉
- □ 134 **be on the increase** 「증가 중이다」 〈상태의 on〉
  ↔ be *on* the decrease 감소 중이다
- □ 135 **on ~ ing** 「…하자마자」 〈동시성의 on〉
  = *As soon as* I arrived in the city, I visited him.
- □ 136 **feed on ~** 「(동물이) …을 먹고 살다」 〈의존의 on〉
  ∗We live *on* rice. 우리는 쌀을 주식으로 하고 있다.

137 그는 반듯이 누워 있었습니까?

Was he lying (　　　) his back?

138 당신은 영어로 의사 소통이 가능합니까?

Can you make yourself understood (　　　) English?

139 우리는 재정적인 면에서 그를 의지할 수 있다.

We can count (　　　) him for financial help.

140 부디 오늘밤 저희와 함께 저녁 식사를 해 주십시오.

(　　　) all means, do come with us to dinner tonight.

Answers

□ 137 **lie on *one's* back** 반듯이 눕다 ← 등을 대고 눕다
↔ lie on *one's* face 엎드려 눕다

□ 138 **in English** 「영어로」 〈표현방법 · 수단의 in〉 *No. 070 참조
*write *in* ink 잉크로 쓰다, speak *in* a low voice 낮은 목소리로 말하다

□ 139 **count on ~** 「…을 의지하다, …에 기대하다」 〈의존의 on〉

□ 140 **by all means** 「모든 수단을 써서 → 반드시, 부디, 꼭」 〈수단의 by〉
**by* force 힘으로, learn *by* heart 외우다, 암기하다

141 며칠 후면 꽃이 필 것이다.

The blossoms will be out ( ) a few days.

142 열매로 나무를 알 수 있다.

A tree is known ( ) its fruit.

143 그 버스를 타면 그녀는 5시간 후에 샌디에이고에 도착할 것이다.

That bus will get her to San Diego ( ) five hours.

144 나는 우연히 그녀를 만났다.

I happened to meet her. = I met her ( ) accident.

Answers

□ 141 **in a few days** 「며칠만 지나면」 〈시간 경과의 in〉

*He will be back *in* a few minutes. 그는 2~3분이면 돌아올 것이다.

□ 142 **A is known by B** 「A는 B로 판단된다」 〈기준의 by〉

*I knew her *by* her voice. 목소리로 그녀임을 알았다.

□ 143 **in** 〈시간경과의 in〉 *No. 141 참조

□ 144 **by accident** 「우연히, 실수로」 〈원인 · 요인의 by〉

**by* chance 우연히, *by* mistake 잘못하여

145 나는 파리를 경유해서 런던으로 갔다.

I went to London (   ) way of Paris.

146 너는 그를 믿어도 된다.

You can rely (   ) him.

147 그는 템즈강의 왼쪽 강변에 살고 있다.

He lives (   ) the left bank of the Thames.

148 그는 틀림없이 상식이 부족하다.

He must be lacking (   ) common sense.

Answers

□ 145 **by way of Paris** 〈경유의 by〉 = via Paris
*He came in *by* the back door. 그는 뒷문으로 들어왔다.

□ 146 **rely on ~** 「…를 믿다, 신뢰하다」〈의존의 on〉

□ 147 **on** 〈인접 · 근접의 on〉
*a store *on* the main street 「중심가의 가게」, an inn *on* the lake 「호반의 여관」 에서처럼 on은 「…에 접하여」라는 인접[접촉]을 표현한다.

□ 148 **be lacking in ~** 「(…의 면)에서 부족하다, 모자라다」〈한정 · 지정의 in〉
**in* this respect 이 점에 관해서

149 존은 역쪽으로 걸어가고 있었다.

John was walking (   ) the direction of the station.

150 역에서 실크 모자를 쓴 신사를 만났다.

I met a gentleman (   ) a silk hat at the station.

151 미국에서는 계란이 1다스로 팔리고 있다.

Eggs are sold (   ) the dozen in the United States.

152 아버지는 비행기로 세계 곳곳을 여행하셨다.

My father travelled all over the world (   ) air.

Answers

□ 149 **in the direction of ~** 「…방향으로」 〈방향 · 각도의 in〉

*The sun rises *in* the east and sinks *in* the west. 태양은 동쪽에서 떠서 서쪽으로 진다.

□ 150 **in a silk hat** 「실크 모자를 쓰고 있는」 〈착용의 in〉 「…을 입고, 신고」

*a girl *in* red shoes 빨간 구두를 신은 소녀, a man *in* a black suit 검은 양복을 입은 남자

□ 151 **by the dozen** 「1다스 단위로」 〈단위의 by〉

*pay *by* the week 주급으로 지불하다, *by* the minute 1분마다

□ 152 **by air** 「비행기로」 〈교통 수단의 by〉

**by* train[bus, ship] 또는 on the train[bus, ship] 단, 「내 차로」는 in을 써서 *in* my car라고 한다.

Unit 13 For · At · To

#13

153 그녀는 발끝으로 서서 선반 맨 위에 있는 책에 손을 뻗었다.

She stood on tiptoe and reached (   ) the book on the top shelf.

154 그녀는 배구부에 소속되어 있습니까?

Is she a member of the volleyball club?

= Does she belong (   ) the volleyball club?

155 젊었을 때는 명성을 얻고자 하는 마음이 있었다.

I had a desire (   ) fame when I was young.

156 IOC는 무엇을 나타내는 말입니까?

What do the letters IOC stand (   )?

Answers

- □ 153 **reach for ~** 「…을 얻으려고 손을 뻗다」 〈희망 · 갈구하는 마음의 for〉
- □ 154 **belong to ~** 「…에 소속하다, …의 것이다」 〈소속의 to〉
  *This pen belongs *to* him. 이 펜은 그의 것이다.
- □ 155 **a desire for fame** 「명성에 대한 욕구」 〈희망의 for〉
  *have a desire to *do*[of *doing*] …하길 원하다
- □ 156 **stand for ~** 「…을 나타내다, …의 약칭이다」 〈동일 가치의 for〉
  *US stands *for* United States. US는 United States의 약어이다.

157 그는 자신의 생각을 말로 잘 표현하지 못한다.

He is not good (   ) putting his thoughts into words.

158 그들은 음악에 맞춰 춤추고 있었다.

They were dancing (   ) the music.

159 후한 대접을 해 주셔서 감사합니다.

Thank you (   ) your warm hospitality.

160 그 아이는 새끼 고양이를 보고는 기뻐서 소리질렀다.

The child shrieked with delight (   ) the sight of the kitten.

Answers

□ 157 **be good at ~** 「…에 능숙하다」〈능력 소재의 at〉

*be poor *at* soccer 축구를 못하다, be quick *at* learning 빨리 배우다, 배우는 데 빠르다

□ 158 **dance to the music** 「음악에 맞춰서 춤추다」〈일치의 to〉

*This suit is not *to* my taste. 이 양복은 내 취향에 맞지 않는다.

□ 159 **thank A for B** 「A에게 B를 감사하다」〈원인 · 이유의 for〉

*원인을 나타내는 for는 I feel sorrow *for* the death of my father.(아버지의 죽음을 슬퍼한다.)나 *for* fear of(…을 두려워하여) 등, 「감정」을 나타내는 명사와 함께 쓴다.

□ 160 **at the sight of~** 「…을 보고」〈순간적 감정의 원인의 at〉

*I was surprised *at* the news. 그 소식을 듣고 놀랐다.

161 이 연못은 이 근처가 가장 깊다.

This pond is deepest around here.
= This pond is (   ) its deepest around here.

162 두 나라는 지금 평화로운 상태이다.

Both countries are now (   ) peace.

163 그런 새는 좋아하지 않는다.

I have no liking (   ) such birds.

164 그 부서에 지원하고 싶습니다.

I should like to apply (   ) the post.

Answers

- □ 161 **at its deepest** 「가장 깊은」〈최고점 · 최저점에 쓰는 at〉
  **at* the end of this week 이번 주말에, *at* the top of the hill 언덕 꼭대기에
- □ 162 **at peace** 「평화롭게」〈상태 · 상황의 at〉
  **at* war with ~ …와 전쟁 중에, *at* ease 마음 편하게, *at* a loss 당황하여
- □ 163 **have a liking for ~** 「…을 좋아하다, …에 취미를 갖다」〈재능 · 취향의 for〉
  *have a love *for* ~ …을 좋아하다, have an affection *for* ~ …에 대해 애정을 품고 있다
- □ 164 **apply for~** 「…을 신청하다, …에 응모하다」〈요구의 for〉
  *register *for* a course in sociology 사회학 과정에 등록하다

165 세계 인구는 놀라운 비율로 증가하고 있다.

The world population is increasing (   ) a surprising rate.

166 현재 논쟁 중인 문제는, 대다수의 사람들이 그것을 바라는가 바라지 않는가 하는 것이다.

The question now (   ) issue is whether the majority desires it or not.

167 너를 다른 사람으로 착각했기 때문에 인사를 하지 못했다.

I didn't greet you because I mistook you (   ) somebody else.

Answers

☐ 165 **at a surprising rate** 「놀라운 비율로」〈정도 · 비율의 at〉

∗*at* top speed 전속력으로, *at* a 20% discount 20% 할인하여

☐ 166 **at issue** 「논쟁 중인」〈상태의 at〉

∗be *at* a standstill = be *at* a deadlock 막다른 처지에 놓여 있다

☐ 167 **mistake A for B** 「A를 B로 착각하다」〈교환 · 동일 가치의 for〉

∗exchange A *for* B A를 B와 교환하다

168 어떤 초자연적인 힘이 작용하고 있을지도 모른다.

Some supernatural power might be (   ) work.

169 내가 그를 비웃었기 때문에 그는 내게 못마땅한 얼굴을 했다.

He frowned (   ) me for laughing at him.

170 남에게 손가락질을 하는 것은 실례다.

It is rude to point (   ) people.

171 그것에 해당하는 한국어는 없는 것 같다.

It seems that there is no Korean word (   ) it.

Answers

□ 168 **be at work** 「업무 중이다, 작동 중이다, 영향이 미치다」〈존재 · 종사의 at〉
*be *at* the table 식사 중이다, be *at* school 학교에 다니다

□ 169 **frown at ~** 「…에게 얼굴을 찡그리다」〈대상의 at〉
*laugh *at* ~ …을 비웃다

□ 170 **point at ~** 「…을 가리키다」〈대상 · 목적의 at〉 *aim *at* ~ …을 겨누다

□ 171 **for** 〈동일 가치의 for〉
*What's the word *for* "water" in German? "물"을 독일어로 뭐라고 합니까?

172 그녀는 아버지의 사랑을 독차지하고 싶어했다.

She wanted to have her father's love (   ) herself.

173 내 취향에 딱 맞는 넥타이를 찾지 못했다.

I found no necktie completely (   ) my taste.

174 잘 모르는 사람들이 많았다.

There were many people who were not familiar (   ) me.

Answers

□ 172 **to oneself** 「자기에게만, 독점하여」 〈한정의 to〉
*confine A *to* B 「A를 B의 범위에 한정[제한]하다」의 to와 같은 용법이다.

□ 173 **to *one's* taste** 「…의 마음에 드는」 〈일치의 to〉 *No. 158 참조

□ 174 **be familiar to ~** 「…에게 알려져 있다, …에게 익숙하다」 〈지적 소유 대상의 to〉
*be familiar with ~ …을 잘 알다, …에 정통하다, be unfamiliar *to* ~ …에게 잘 알려져 있지 않다

175 우리 도시는 세계적으로 아름답다고 알려져 있다.

Our city is known (   ) its beauty all over the world.

176 아주 유감스럽게도 그는 1등을 하지 못했다.

(   ) his great regret, he didn't get first prize.

177 문제가 생겼을 때는 주저하지 말고 조언을 구해라.

If you get into difficulty, don't hesitate to ask (   ) advice.

Answers

175 **be known for ~** 「…로 알려져 있다」 〈이유의 for〉

*be famous *for* ~ …로 유명하다

176 **to *one's* regret** 「유감스럽게도」

*이때 to는 감정을 나타내는 명사와 결합해 결과를 나타낸다.

to one's surprise 놀랍게도, *to* one's great joy 아주 기쁘게도

177 **ask (A) for B** 「(A에게) B를 요구하다」 〈요구의 for〉

*make a claim *for* ~ …을 요구하다

178 차 소리가 시끄러워서 그 남자가 하는 말이 들리지 않았다.

The noise of the traffic prevented us (   ) hearing what the man said.

179 그의 제안은 우리에게 전혀 만족스럽지 않다.

His proposal is far (   ) being satisfactory to us.

180 아이라 할지라도 선악을 구별할 줄 안다.

Even a child knows right (   ) wrong.

181 높은 건물 때문에 그들의 집에는 햇빛이 비치지 않았다.

The high building deprived their house (   ) sunlight.

Answers

□ 178 **prevent from ~ing** 「…하는 것을 방해하다」〈분리 · 방해의 from〉

*keep *from* ~ing …하지 못하게 하다, …하지 못하다

□ 179 **be far from ~** 「조금도 …않다」〈격리의 from〉

*This is a long way *from* being marketable. 이것은 시장성과는 거리가 먼 물건이다.

□ 180 **know A from B** 「A와 B를 구별[식별]하다」〈구별의 from〉

*tell A *from* B A와 B를 구별하다

□ 181 **deprive A of B** 「A에게서 B를 빼앗다」〈박탈의 of〉

*rob A *of* B A에게서 B를 약탈하다

182 그는 그 책을 뉴욕에 주문했다.

He ordered the book ( ) New York.

183 조지는 잭과 함께 앉았다.

George sat together ( ) Jack.

184 어제는 눈보라로 비행기가 이륙할 수 없었다.

The snowstorm kept our plane ( ) taking off yesterday.

185 나는 그가 있다는 것을 인식하지 못했다.

I was not aware ( ) his presence.

Answers

□ 182 **order A from B** 「B에 A를 주문하다」〈기점의 from〉

＊「책을 뉴욕에서 들여오다」라는 발상으로, 「…에 주문하다」를 나타내는 order to와 혼동하기 쉬우므로 주의하자.

□ 183 **with** 〈동반의 with〉

＊We're going out for lunch. Are you coming *with* us?
점심 식사하러 가는데 같이 갈래?

□ 184 **keep A from B** 「A를 B하지 못하게 하다」〈방해의 from〉

＊No. 178 참조

=Our plane could not take off because of the snowstorm yesterday.

□ 185 **be aware of ~** 「…을 알고 있다」〈인식 · 감정의 대상의 of〉

＊be afraid *of* ~ …을 걱정하다, 우려하다

186 그들의 의무를 면제해 줄 것이다.

I shall exempt them (　　　) their duties.

187 그녀는 눈에 눈물을 글썽거리며 이야기했다.

She talked (　　　) tears in her eyes.

188 그 의사는 환자들의 병을 고쳐 주었다.

The doctor cured his patients (　　　) their diseases.

189 말이 많다는 것을 논외로 하면, 그는 좋은 녀석이다.

Apart (　　　) the fact that he talks too much, he's a nice guy.

Answers

□ 186 **exempt A from B** 「A에게서 B를 면제하다」 〈제거의 from〉

*strip A *from* B B에게서 A를 빼앗다

□ 187 **with tears in *one's* eyes** 「눈에 눈물을 글썽거리며」 〈부대 상황의 with〉

*speak *with one's* mouth full 입안에 가득 넣고 말하다

□ 188 **cure A of B** 「A를 B에서 낫게 해주다」 〈제거의 of〉

*cure A *of* B, clear A *of* B, ease A *of* B, heal A *of* B는 모두 「A의 B를 제거하다」라는 뉘앙스를 가지고 있다.

□ 189 **apart from ~** 「…은 제쳐놓고, …은 별도로 하고」 〈분리의 from〉

190 톰과 빌은 각자 따로따로 같은 결론에 도달했다.

Tom and Bill arrived at the same conclusion independently (　　) each other.

191 삼촌은 폐암으로 돌아가셨다.

My uncle died (　　) lung cancer.

192 그 도시는 이제 공해가 없다.

The city is now free (　　) air pollution.

Answers

□ 190 **of** 〈자주 · 독립의 of〉

*I am economically independent *of* my parents.

나는 경제적으로는 부모님에게서 독립했다.

□ 191 **die of cancer** 「암으로 죽다」〈원인의 of〉

*die *of* hunger 아사하다, 굶어 죽다

□ 192 **be free from** 「…이 없다」〈해방의 from〉

*be free of (세금 · 요금 등)을 면제받다

193 그는 그 책을 재미있게 읽었다.

He read the book (　　　) interest.

194 그가 내 코트를 가져가 버렸다.

He has gone away (　　　) my coat.

195 어젯밤 네가 술을 마시지 않은 것은 현명했다.

It was wise (　　　) you not to drink last night.

Answers

□ 193 〈with＋명사〉로 부사구가 된다. 〈양태의 with〉

＊*with* ease＝easily 「쉽게」, *with* courage＝courageously 「용감하게」

□ 194 **with** 〈소유의 with〉

＊위 문장의 away는 부사로 쓰여 「저쪽으로, 멀리」라는 의미

□ 195 **of** 〈동작 주어를 나타내는 of〉

＊부정사의 의미상 주어를 나타내는 of이다. It is wise *of* you to ~는 You are wise to ~로 바꿔 쓸 수도 있다.

PART 3

• 실전 트레이닝 2단계 •

|우리말 → 영어로 바꾸기|

주어진 우리말을 영어로 바꾸어 보고 소리 내어 말하거나 써보도록 합시다. 다소 어렵다고 생각되면 거꾸로 영문을 우리말로 해석하는 연습부터 시작해 봅시다.

Unit 01 Go

#15

001 **go through ~** …을 통과하다, (고생 등을) 경험하다

그는 아버지의 갑작스러운 죽음으로 고생을 많이 했다.

002 **go without ~** …없이 지내다, …없이 때우다

바쁠 때는 점심을 먹지 않는다.

003 **go about ~** (일 · 문제 등에) 착수하다, 돌아다니다

네 일이나 신경써!

004 **go by** (시간 등이) 지나다, 지나쳐 가다

다시 10년이 눈 깜짝할 사이에 지나갔다.

Answers

- □ 001 He *went through* many hardships after his father's sudden death.
- □ 002 When I am busy, I *go without* lunch.
- □ 003 *Go about* your own business!
  = It is none of your business. 네가 상관할 바가 아니다.
- □ 004 Another ten years *went by* quickly.

005 go by the name of ~ …의 이름으로 알려지다

그는 롭이라는 이름으로 통한다.

006 go to sea ~ 선원이 되다

그는 겨우 14살 때 선원이 되었다.

007 go off[1] 떠나 가버리다(=leave)

그녀는 나에게 말도 없이 가버렸다.

008 go off[2] (총 등이) 발사되다, (폭탄이) 폭발하다

총이 오발되었다.

009 go over[1] …을 검토하다, 조사하다

그녀는 자기 이름이 있는지 알아보려고 명단을 검토했다.

Answers

- □ 005 He *goes by the name of* Rob.
- □ 006 He *went to sea* when he was only 14.
- □ 007 She *went off* without telling me.
- □ 008 The gun *went off* by accident.
  *go off by accident 실수로 발사되다 → 오발사되다
- □ 009 She *went over* the list to see if her name was there.

010 go over² …을 되풀이하다, 연습하다

제 5과를 반복합시다.

011 go astray (길을) 잃다, (정도에서) 벗어나다

그녀의 생각은 갈팡질팡했다

012 go for ~ …을 아주 좋아하다

그는 그녀를 열광적으로 좋아한다.

013 go on to *do* 이어서[그 다음에] …하다

그는 그녀에게 이어서 그 방법을 가르쳐 주었다.

Answers

□ 010 Let's *go over* Lesson 5.

□ 011 Her thoughts *went astray*.
∗The parcel had gone astray. 소포가 (배달 중에) 사라졌다.

□ 012 He *goes for* her in a big way. ∗in a big way 열광적으로, 대단히

□ 013 He *went on to* show her how to do it.
∗go on ~ing 「계속 …하다」와 구별

014 **come across ~** …를 우연히 만나다; …을 우연히 찾아내다; 문득 떠오르다

나는 이 책을 헌책방에서 우연히 찾았다.

015 **come into existence[being]** 생기다, 출현하다

그 관습이 언제 생겼는지 아무도 모른다.

016 **come down with ~** …병에 걸리다, 병이 나다

감기에 걸릴 모양이다.

017 **come up with ~**[1] …을 따라잡다 (=catch up with)

어떤 분야에서는 한국이 미국을 따라잡을 수 있을 것이다.

Answers

- □ 014 I *came across* this book in a secondhand bookstore.
- □ 015 Nobody knows when the custom *came into existence*.
- □ 016 I'm afraid I'm *coming down with* a cold.
- □ 017 In some fields Korea will be able to *come up with* America.

018 **come up with ~[2]** (계획 등)을 제안하다, 생각해 내다

긴 토론 끝에 그들은 하나의 안을 내놓았다.

019 **come to light** 나타나다, 드러나다

조사해 보니 몇 가지 흥미있는 사실이 드러났다.

020 **come to an end** 끝나다

긴 토론이 드디어 끝났다.

021 **come to the conclusion that ~** …라는 결론에 도달하다

그를 해고해야 한다는 결론에 도달했다.

Answers

□ 018 They *came up with* a plan after a long discussion.

□ 019 On investigation, some curious facts *came to light.*
*on[upon] investigation 조사해 보니

□ 020 The long discussion *came to an end* at last.
*at last 마침내, 드디어

□ 021 We *came to the conclusion that* he should be fired.
*fire 해고하다

022 **come near to ~ing** 하마터면 …할 뻔하다

그 아이는 하마터면 물에 빠져 죽을 뻔했다.

023 **come to terms with ~** …와의 합의에 이르다

몇 시간이나 토론한 끝에, 그들은 결국 서로 합의했다.

024 **come home to *one*** …에게 절실히 느껴지다, 가슴에 사무치다

폐허를 보자 그에게 전쟁의 의미가 절실히 느껴졌다.

Answers

□ 022 The child *came near to* being drowned.
*be drowned 익사하다

□ 023 They finally *came to terms with* each other after many hours of discussion.

□ 024 The meaning of war *came home to him* when he saw the ruins.

025 have something to do with ~ …와 관계[거래]가 있다

그 회사와 거래를 하고 있습니까?

026 have nothing to do with ~ …와 관련[거래]이 없다

내 아들은 이것과 전혀 관계가 없었다.

027 have on ~ / have ~ on[1] …을 입고[착용하고] 있다

그는 모자를 쓰고 있지 않았다.

028 have on ~ / have ~ on[2] (약속 등이) 예정되어 있다, (일 등에) 묶여 있다

이번 주말에 특별한 약속이 있습니까?

Answers

- □ 025 Do you *have anything to do with* that firm?
  ＊의문문에서는 something이 anything으로 바뀐다.
- □ 026 My son *had nothing to do with* this.
- □ 027 He *had* no hat *on*.
- □ 028 Do you *have* anything *on* for this weekend?

029 have a look at …을 보다

이 사진을 잘 보십시오.

030 have got to *do* ~ …해야만 한다(=have to do)

이제 가야 한다.

031 have ~ in mind …을 생각하다, 계획하다

그것이 당신이 생각하고 있는 것입니까?

032 have second thought(s) on ~ …에 대해 재고하다

그 결정에 대해 다시 한 번 생각해 보려 한다.

Answers

- □ 029 *Have a good look at* this picture.
  *look 앞에 good이 오면 「자세히 보다」라는 의미가 된다.
- □ 030 I'*ve got to go* now.
- □ 031 Is that what you *have in mind*?
- □ 032 I think I *have second thoughts on* the decision.

033 have a good opinion of ~ …을 높이 평가하다

대부분의 사람들이 대통령을 높이 평가하고 있었다.

034 have a good chance to do …할 가능성이 많다

테니스 시합에서 내가 이길 가능성이 높다.

035 have an advantage over ~ …보다 유리한 입장이다

상대방이 나보다 유리한 입장에 있었다.

Answers

- □ 033 Most people *had a good opinion of* the president.
  ∗have a poor opinion of ~ …을 낮게 평가하다
- □ 034 I *have a good chance to win* the tennis match.
- □ 035 My opponent *had an advantage over* me.
  ∗opponent 상대, 적

Unit 04 Keep

#18

036 **keep up** 계속하다, 유지하다

이렇게 좋은 날씨가 계속되면, 풍년이 될 것이다.

037 **keep up ~ / keep ~ up** …을 유지하다

그렇게 큰 집을 유지하려면 돈이 많이 든다.

038 **keep up with ~** …에 뒤처지지 않도록 따라가다

시대에 뒤떨어지지 않으려면 반드시 신문을 읽어라.

039 **keep A away from B** A를 B에 가까이 가지 않도록 하다

아이들을 연못 가까이에 가지 못하게 하시오.

Answers

- □ 036 We'll have a good crop if this good weather *keeps up*.
  *a good crop 풍작 ↔ a poor crop 흉작
- □ 037 It takes a lot of money to *keep up* such a big house.
- □ 038 Be sure to read the newspaper so as to *keep up with* the times.
  *Be sure to *do* 반드시 …해라
- □ 039 *Keep* the children *away from* the pond.

040 **keep A off B** A를 B 가까이 오지 못하게 하다

이 망은 음식물에 파리가 꾊지 않게 하기 위한 것이다.

041 **keep off ~** …으로부터 떨어져 있다, …에 들어가지 않다

"잔디에 들어가지 마시오."라는 표지가 있었다.

042 **keep ~ at a distance** …을 멀리하다

일과 후, 브라운 씨는 항상 종업원들을 멀리했다.

043 **keep *one's* word** 약속을 지키다

그는 항상 약속을 지킨다

Answers

- □ 040 This net is to *keep* flies *off* the food.
- □ 041 There was a sign saying, "*Keep off* the grass."
- □ 042 After work Mr. Brown always *kept* his employees *at a distance*.
- □ 043 He always *keeps his word*.

044 **keep good time** (시계의) 시간이 정확하다

내 시계는 정확하다.

045 **keep ~ in mind / keep in mind that ~**
…을 기억하다, 명심하다

내가 옛날만큼 젊지 않다는 것을 기억해 두시오.

046 **keep an[*one's*] eye on ~** …에서 눈을 떼지 않다, …을 감시하다

표를 사는 동안 내 짐을 좀 봐 주세요.

047 **keep back ~ / keep ~ back** …을 억제하다

재채기를 참을 수 없었다.

Answers

□ 044 My watch *keeps good time*.
∗keep bad time 시간이 맞지 않다

□ 045 *Keep in mind that* I'm not as young as I used to be.

□ 046 *Keep an eye on* my bag while I buy a ticket.

□ 047 I couldn't *keep back* the sneeze.
∗sneeze 재채기

048 Would you do me a favor by ~ing?
…해 주시겠습니까?

저를 방문해 주시겠습니까?

049 do ~ good …에 이익을 주다, …에게 효력이 있다

이 약이 너에게 매우 좋을 것이라고 생각된다.

050 do nothing but *do* 그저 …할 뿐이다

그녀를 격려하려 했지만 그녀는 그저 울기만 했다.

051 do with ~ …을 처리[조치]하다

내 책을 어떻게 했어?

Answers

□ 048 *Would you do me a favor by* calling on me?
∗Would you do me a favor? 부탁을 드려도 되겠습니까?

□ 049 I think this medicine will *do* you a lot of *good*.

□ 050 I tried to cheer her up, but she *did nothing but cry*.
∗cheer ~ up …를 격려하다, 위로하다

□ 051 What did you *do with* my book?

052 **be done with ~** …와 절교하다, …와 인연을 끊다

그 사람하고 끝났어!

053 **do justice to ~** …을 공평하게 다루다

나는 양쪽을 똑같이 공평하게 취급하고 싶다.

054 **Don't mention it.** 천만에요.

"감사합니다." "천만에요."

055 **do well to *do*** …하는 것이 좋다

너는 미리 그것을 그에게 말해 두는 편이 좋겠다.

Answers

- □ 052 I *am done with* him!
- □ 053 I'd like to *do* full *justice to* both sides.
- □ 054 "Thank you." "*Don't mention it.*"
  *Don't mention it. 그런 말 하지 마세요 → 천만에요
  = You're welcome. = Not at all. = It's my pleasure.
- □ 055 You would *do well to tell* that to him in advance.
  *in advance 앞서서, 미리

056 Do you mind if ~ …해도 괜찮겠습니까?

"여기서 담배를 피워도 됩니까?" "예, 상관없습니다."

057 Do I understand that ~ …라는 것입니까? 〈확인하는 표현〉

이번에는 나를 따르지 않을 것이라는 말입니까?

Answers

□ 056 "*Do you mind if* I smoke over here?" "No. I don't."

□ 057 *Do I understand that* you are refusing to obey me this time?

*obey (사람이나 명령 등)에 따르다

Unit 06 Get #20

058 get along 지내다, 생활하다

요즈음 어떻게 지내니?

059 get along with ~ …와 사이좋게 지내다

그는 종업원들과 잘 지내고 있다.

060 get rid of ~ …을 벗어나다, 그만두다

심한 감기가 떨어지지 않는다.

061 get out of ~ …을 피하다, …에서 나오다

나는 이 약속을 피할 수 없다. 이것은 매우 중요하다.

Answers

- □ 058 How are you *getting along* these days?
- □ 059 He *gets along* well *with* his employees.
- □ 060 I can't *get rid of* this bad cold.
- □ 061 I cannot *get out of* this appointment. It is very important.

062 get at ~ …에 도달하다, 획득하다

그는 키가 너무 작아 선반의 책까지 손이 닿지 않는다.

063 get in *someone's* way …를 방해하다

그가 왜 나를 방해했는지 모르겠다.

064 get together 모이다

우리는 일 년에 한 번 모인다.

065 get out (비밀 따위가) 새다, 알려지다

그 비밀은 금방 새어나갈 것이다.

066 get ~ out of *one's* mind …을 잊다

나는 그 즐거운 광경을 잊을 수 없다.

Answers

- □ 062 He is too short to *get at* the book on the shelf.
- □ 063 I don't understand why he *got in my way*.
  *be in the way 방해가 되다
- □ 064 We *get together* once a year. *once a year 일년에 한 번
- □ 065 The secret will soon *get out*.
- □ 066 I can't *get* the happy scene *out of my mind*.

Unit 07 Make

#21

067 make up (a story) (이야기를) 조작하다

이것은 그가 조작한 이야기에 불과하다고 생각한다.

068 make progress 진보하다, 향상하다

최근에 그녀는 영어가 놀랄 만큼 늘었다.

069 make at ~ …에 덤벼들다, 향하여 나가다

개가 강도에게 덤벼들었다.

070 make away 달아나다, 도망가다 (=make off =run away)

적군은 서둘러 도망갔다.

Answers

□ 067 I think this is just *a story* he *made up*.
*a made-up story 만들어진 이야기, 날조된 이야기

□ 068 Recently she has *made* remarkable *progress* in English.

□ 069 The dog *made at*[*for*] the robber.

□ 070 The enemy *made away*[*off*] in a hurry.

071 **make believe to *do*** …인 체하다

소년은 왕인 체했다.

072 **make it a rule to *do*** …하는 것을 규칙으로 하다, 항상 …하곤 하다

그는 매일 아침 산책하는 것을 규칙으로 삼고 있다.

073 **make it a practice to *do*** 항상 …하다

그는 매일 아침 항상 산책을 한다.

074 **make it a point to *do*** 반드시 …하다

그는 우리 모두의 생일을 반드시 기억하고 있다.

Answers

- □ 071 The boy *made believe to be* a king.
  = The boy made believe that he was a king.
- □ 072 He *makes it a rule to take* a walk every morning.
- □ 073 He *makes it a practice to take* a walk every morning.
- □ 074 He *makes it a point to remember* each one of our birthdays.

075 make it (시간에) 대다; 제대로 수행하다, 성공하다

"기차는 9시에 출발해." "걱정하지 마. 탈 수 있어."

076 make good in ~ …으로 성공하다, …을 잘하다

그는 무엇을 하든 잘한다.

077 make good ~ / make ~ good (약속 등)을 이행하다

그는 항상 약속을 이행한다.

Answers

- □ 075 "Our train leaves at nine." "Don't worry. We'll *make it*."
- □ 076 He *makes good in* everything he does.
  *make good as ~ …로서 성공하다
- □ 077 He always *makes good* his promises.

Unit 08 Let

#22

078 **let ~ alone** …을 내버려[그냥] 두다

"내버려 둬."라고 그녀는 화가 나서 말했다.

079 **let *one* know** …에게 알려 주다

발견하는 대로 내게 알려 주십시오.

080 **let up** (비 · 폭풍우 등이) 그치다, 멎다

비가 그칠 것이다.

081 **let on that ~** …라는 것을 누설하다, 고자질하다

두 사람이 사귀고 있었다는 것을 나는 말하지 않았다.

Answers

- □ 078 "*Let* me *alone*," she said angrily.
- □ 079 As soon as you find out, please *let me know*.
- □ 080 The rain is *letting up*.
- □ 081 I didn't *let on that* they had been seeing each other.
  *see에는 「데이트하다」라는 의미가 있다.

082 let out that ~ …라고 밝히다, 폭로하다(=disclose)

그는 머지않아 결혼할 것이라고 발표했다.

083 let A in on B A에게 B(계획 따위)를 알리다

그 계획에 대해 나에게도 알려 주십시오.

084 let A into B A에게 B(비밀 등)를 알게 하다

나는 그 비밀을 알게 되었다.

085 let off ~ / let ~ off (승객)을 내리게 하다

다음 버스 정류장에서 내려 주십시오.

Answers

- □ 082 He *let out that* he was going to get married.
- □ 083 *Let* me *in on* the plan.
- □ 084 I was *let into* the secret.
  = They *let* me *into* the secret.
- □ 085 Please *let* me *off* at the next stop.

Unit 09 Take

#23

086 take place (사건 따위가) 일어나다; 개최하다

그 사고는 저 모퉁이에서 일어났다.

087 take off ~ / take ~ off (옷 · 모자 따위)를 벗다

그는 모자를 벗고 정중하게 인사했다.

088 take off 이륙하다, 날아오르다

비행기는 정각 6시에 이륙했다.

089 take up ~ (장소 · 시간)을 차지하다

이 테이블은 공간을 너무 많이 차지한다.

Answers

- □ 086 The accident *took place* at that corner.
- □ 087 He *took off* his hat and made a polite bow.
- □ 088 The plane *took off* exactly at six.
- □ 089 This table *takes up* too much space.

090 take up ~ / take ~ up 공부하다, 이수하다; 착수하다, 종사하다

나는 대학에서 공학을 공부할 계획이다.

091 take it for granted that ~ …을 당연하게 생각하다

교수가 영어를 할 수 있다는 것은 당연하다고 생각했다.

092 take part in ~ …에 참가하다

너는 그 모임에 참가할 예정이니?

093 take *one's* place (장소 · 지위 등)을 차지하다

아버지는 테이블의 상석에 자리를 잡으셨다.

Answers

- □ 090 I plan to *take up* engineering in college.
- □ 091 I *took it for granted that* the professor could speak English.
  *it과 that은 생략될 수도 있다.
- □ 092 Are you planning to *take part in* the meeting?
- □ 093 Father *took his place* at the head of the table.

094 take *someone's* place …을 대신하다

그가 올 수 없는 경우에는 네가 그를 대신해야 한다.

095 take advantage of ~ …을 이용하다, 기회를 틈타다

나는 휴가를 이용해서 고향을 찾았다.

096 take on ~ / take ~ on …을 떠맡다

더 이상의 일은 맡고 싶지 않다.

097 take on ~ (색 · 성질)을 띠다, (모양 · 양상)을 드러내다

카멜레온은 어떤 색으로든지 변할 수 있다.

Answers

- □ 094 You'll have to *take his place* in case he can't come.
- □ 095 *Taking advantage of* the holidays, I returned home.
- □ 096 I don't want to *take on* any more work.
- □ 097 The chameleon can *take on* any color.

098 take pride in ~ …을 자랑하다, 자랑스럽게 생각하다

그는 아들을 자랑스럽게 생각하고 있다.

099 take in ~ / take ~ in[1] …을 안으로 들이다

비가 오기 시작하자 그녀는 빨래를 안으로 들여왔다.

100 take in ~ / take ~ in[2] …을 이해하다, 납득하다〈의문문 · 부정문에서〉

그녀가 하는 말을 이해할 수 없었다.

101 be taken in 속다

그의 매끄러운 말솜씨에 나는 감쪽같이 속았다.

Answers

- □ 098 He *takes pride in* his son.
- □ 099 She *took in* the wash when it began to rain.
  *the wash 빨래, 세탁물
- □ 100 I couldn't *take in* what she was saying.
- □ 101 I *was* easily *taken in* by his smooth talk.
  *a smooth talker 말솜씨가 좋은 사람

Unit 10 Give

#24

102 give up ~ing …하는 것을 그만두다

나는 1년 전에 담배를 끊었다.

103 give in to ~ …에 굴복하다, 양보하다

그는 결코 유혹에 굴복하지 않았다.

104 give rise to ~ …을 발생시키다

그런 행동은 의심을 살 것이다.

105 give birth to ~ …을 낳다, …의 원인이 되다

그녀는 일주일 전에 쌍둥이를 낳았다.

106 give my best regards[wishes] to ~ …에게 안부를 전하다

부모님께 안부 전해 주세요.

Answers

- □ 102 I *gave up* smok*ing* a year ago.
- □ 103 He never *gave in to* temptation.
- □ 104 Such conduct will *give rise to* suspicion.
- □ 105 She *gave birth to* twins a week ago.
- □ 106 Please *give my best regards*[*wishes*] *to* your parents.

107 give away ~ / give ~ away …을 거저 주다, 양보하다

나는 열대어를 모두 그에게 주었다.

108 give out (공급 · 힘 등이) 다하다, 없어지다

식량이 바닥났다.

109 give over ~ …을 그만두다

그만 둬!

110 give up on ~ …을 포기하다, 단념하다

이 문제를 푸는 것을 단념하지 않을 것이다.

111 What gives (with ~)? (…은) 어떻게 된 것인가?

도대체 어떻게 된 거야?

Answers

- □ 107 I *gave away* all my tropical fish to him.
- □ 108 The food *gave out*.
- □ 109 Do *give over*!
- □ 110 I won't *give up on* trying to solve this problem.
- □ 111 *What gives?*

Unit 11 Put

#25

112 **put on ~ / put ~ on** …을 입다 ↔ put off

밖이 추우니까 코트를 입는 게 좋을 거다.

113 **put off ~ / put ~ off** …을 연기하다

오늘 할 수 있는 일을 내일로 미루지 마라.

114 **put up ~ / put ~ up** (기 따위)를 올리다

우리는 국경일에 국기를 게양한다.

115 **put up with ~** …을 참다

더 이상 저 소음을 참을 수 없다.

116 **put out ~ / put ~ out** (불 · 빛 등)을 끄다

외출하기 전에 반드시 불을 꺼 주세요.

Answers

- □ 112 Since it's cold outside, you'd better *put* your coat *on*.
- □ 113 Never *put off* till tomorrow what you can do today.
- □ 114 We *put up* the flag on national holidays.
- □ 115 I can't *put up with* that noise any longer.
- □ 116 Be sure to *put out* the light before you go out.

117 put together ~ / put ~ together …을 정리하다, 모으다, 조립하다

쓰기 전에 생각을 정리해야 한다.

118 put up at ~ …에 묵다, 숙박하다

우리는 호수에 인접한 호텔에 묵었다.

119 put ~ to use …을 사용하다, 이용하다

네가 이 컴퓨터를 잘 사용할 수 있기를 바란다.

120 put an end to ~ …을 끝내다, 그만두다

그는 그들의 격론을 그만두게 하려 했지만 소용없었다.

121 put the cart before the horse 본말이 전도되다

먼저 사회를 바로 잡아야 한다는 사람들이 있다. 그러나 그것은 말 앞에 수레를 놓는 것과 같다.

Answers

- □ 117 I have to *put* my ideas *together* before I start writing.
- □ 118 We *put up at* a hotel facing a lake.
- □ 119 I hope you can *put* this computer *to* good *use*.
- □ 120 He tried in vain to *put an end to* their heated discussion.
- □ 121 Some say we should correct the society first. But that is *putting the cart before the horse*.

  *put the cart before the horse 말 앞에 수레를 놓다 → 본말이 전도되다

122 in company 사람들 가운데서, 남 앞에서

사람들 앞에서는 그런 말투를 쓰지 말아라.

123 in due course[time] 때가 오면, 적당한 때에

열심히 일을 하다 보면 언젠가 성공하기 마련이다.

124 in earnest 열심히, 진지하게

그 시험에 실패한 후, 그는 열심히 공부하기 시작했다.

125 in effect[1] 실제에 있어서, 사실상

그녀의 대답은 사실상 거절이었다.

Answers

□ 122 Don't use such language *in company*.
*language에는 「말투」라는 의미가 있다.

□ 123 If you work hard, you will be successful *in due course*.

□ 124 He began to study *in earnest* after flunking the test.
*flunk …에 실패하다, 낙제하다

□ 125 Her reply was, *in effect*, a refusal.

126 in effect[2] 효과적인, 효력이 있는

그 법률은 이제 더 이상 효력이 없다.

127 in itself 그 자체로서, 원래

탄산가스는 그 자체로는 유독하지 않다.

128 in no way 결코 …않다

나는 결코 부주의하게 운전하지 않았다.

129 in *one's* own way 자기 나름대로

그녀는 자기 나름의 방법으로 사람들의 운세를 점쳤다.

Answers

- □ 126 The law is not *in effect* any longer.
- □ 127 Carbonic acid gas is not poisonous *in itself*.
- □ 128 I was *in no way* careless in driving.
  = I was *in no way* driving carelessly.
- □ 129 She read people's fortunes *in her own way*.

130 in the vicinity of ~ …의 근처에

옛날에는 그 사원 근처에 곰의 굴이 있었다.

131 in the long run 결국은, 긴 안목으로 보면

결국에는 정직한 사람이 승리를 거둔다고 나는 믿는다.

132 in time[1] 시간에 맞게

즉시 출발하면, 기차 시간에 맞출 수 있을 것이다.

133 in time[2] 때가 되면, 조만간

조만간 그는 그녀를 잊을 것이다.

Answers

- □ 130 There used to be a den of bears *in the vicinity of* that temple.
- □ 131 I believe honesty will win *in the long run*.
- □ 132 If you leave immediately, you'll be *in time* for the train.
- □ 133 *In time* he will forget about her.

134 on earth 도대체 <의문문에서>

도대체 왜 그를 역으로 데리고 갔었니?

135 on occasion 때때로

나는 때때로 클럽에서 그를 만난다.

136 on the contrary 그러기는 커녕, 정반대로

"끝났어?" "끝나기는커녕 아직 시작하지도 않았어."

137 on a diet 다이어트 중인, 식이요법을 하고 있는

그는 최근 두 달 동안 다이어트를 하고 있다.

138 on an[the] average 평균해서, 대략

하루 평균 10건의 사고가 있다.

Answers

□ 134 Why *on earth* did you take him to the station?

□ 135 I meet him *on occasion* at the club.

□ 136 "Have you finished?" "*On the contrary*, I have not even begun yet."

□ 137 He has been *on a diet* for two months.

□ 138 *On the average*, we have ten accidents daily.

139 on second thought(s) 다시 생각하여 보고

다시 생각해 보고, 그 제안을 거절하기로 결정했다.

140 on the increase 증가하고 있는

그 도시의 인구가 증가하고 있다.

141 on the verge of ~ …하기 직전에, 바야흐로 …하려 하여

들리는 바로는 그의 사업이 도산 직전에 있다고 한다.

142 on the whole 대개, 대체로

대체로 그 나라의 기후는 혹독하다.

143 go on board ~ (비행기 · 배)에 타다

그는 비행기에 오르기 전에 내 쪽을 돌아보았다.

Answers

- □ 139 *On second thought(s)*, I decided to refuse the offer.
- □ 140 The city's population is *on the increase*.
- □ 141 I hear his business is *on the verge of* bankruptcy.
  *I hear (that) ~ …라는 것을 듣다, …라고 한다
- □ 142 *On the whole*, the country has a severe climate.
- □ 143 He looked back at me before he *went on board* the plane.

Unit 14 By

#28

144 **by now** 지금쯤은 벌써

그는 지금쯤은 벌써 일을 끝냈어야 했다.

145 **by no means** 결코 …이 아니다

그가 한 말은 결코 사실이 아니다.

146 **by any means** 어떻게 해서든지, 어떻게든 〈의문문에서〉

어떻게 해서든 십만 원만 빌려줄래?

147 **by all means** 좋고 말고

"사전을 좀 봐도 될까요?" "그럼요."

Answers

□ 144 He should have finished his work *by now*.

□ 145 What he said is *by no means* true.

□ 146 Can you *by any means* lend me 100,000 won?

□ 147 "May I use your dictionary?" "*By all means*."

148 by mistake 잘못하여, 실수로

그는 잘못해서 오른쪽이 아니라 왼쪽으로 돌았다.

149 by[in] virtue of ~ …덕분에, …의 힘으로

그는 오랜 경험 덕분에 현재의 지위에 올랐다.

150 by turns 번갈아

그는 친절했다가 난폭해졌다 하였다.

151 by halves 어중간하게, 불완전하게〈부정문에서〉

그는 무슨 일이든 결코 어중간하게 하지 않는다.

Answers

- □ 148 He turned left instead of right *by mistake*.
- □ 149 He got his present position *by virtue of* his long experience.
- □ 150 He was *by turns* amiable and violent.
  *amiable 붙임성 있는, 친절한
- □ 151 He never does anything *by halves*.

152 by leaps and bounds 급속도로, 껑충껑충 뛰듯 빨리

그는 영어가 급속도로 향상되었다.

153 by[in] twos and threes 삼삼오오, 둘씩 셋씩

(교회에 모여 있던) 교인들은 두서너씩 교회에서 흩어져 나왔다.

Answers

□ 152 He made progress in English *by leaps and bounds*.

□ 152 The congregation dispersed from the church *by twos and threes*.

*congregation 회중(會衆), 모인 사람들

Unit 15 For

#29

154 for all ~ …에도 불구하고

그녀는 재산이 많은데도 불구하고, 행복하지 않다.

155 for once 한 번만, 이번만

부디 당신 작품을 한 번만 보여 주세요.

156 for good 영원히(=forever)

그는 인도를 아주 떠난 것입니까?

157 for *oneself* 스스로, 혼자서

내 말을 못 믿겠다면, 직접 가서 봐라.

Answers

□ 154 *For all* her wealth, she is not happy.

□ 155 Please, *for once*, let me see your work.

□ 156 Has he left India *for good*?

□ 157 If you don't believe me, go and see (it) *for yourself*.

158 for the life of *one* 아무리 해도 (…않다)

아무리 해도 그녀의 이름이 기억나지 않는다.

159 for the moment 우선, 당장에는

당장은 그것에 대해 얘기하고 싶지 않다.

160 that is for ~ to *do* …하는 것은 ~가 할 일이다

그것은 네가 결정할 일이다.

Answers

- □ 158 I can't remember her name *for the life of me*.
- □ 159 I'd rather not discuss that *for the moment*.
- □ 160 *That's for* you *to decide*.

161 **at all[1]** 도대체, 조금이라도〈의문문에서〉

지금도 그녀에게 편지를 쓰기는 씁니까?

162 **at all[2]** 적어도, 이왕〈조건문에서〉

이왕 할 바에야 제대로 해라.

163 **at will** 뜻대로, 마음대로

그는 내키는 대로 왔다갔다 한다.

164 **at peace** 평화롭게, 사이좋게

한국은 중국과 우호 상태이다.

165 **at all events** 여하튼, 어쨌든(=at any event)

여하튼 해볼 만한 가치가 있다.

Answers

- □ 161 Do you write to her *at all* now?
- □ 162 If you do it *at all*, do it well.
- □ 163 He comes and goes *at will*.
- □ 164 Korea is *at peace* with China.
- □ 165 It's worth trying *at all events*.

166 at work 작업[근무] 중인, 운전[작동] 중인

그녀는 밤늦게까지 일을 하고 있었다.

167 be quick at ~ …점에서 이해가 빠르다

그는 외국어를 빨리 배운다.

168 hard at ~ (어떤 일)에 전념하여, 열중하여

그들은 열심히 일한다.

169 at length[1] 마침내, 결국, 드디어

마침내 나는 소망을 이루었다.

170 at length[2] 자세하게, 충분히

나는 그 문제를 자세히 조사했다.

Answers

- □ 166 She was *at work* till late at night.
- □ 167 He *is quick at* learning foreign languages.
- □ 168 They are *hard at* work.
- □ 169 *At length* my wish was realized.
- □ 170 I examined the problem *at length*.

171 **owe A to B** A를 B에게 빚지고 있다, A는 B의 덕택이다

오늘날 내가 이렇게 된 것은 어머니 덕분이다.

172 **attach A to B** A를 B에 붙이다[귀속시키다]; B에 A의 특성을 부여하다

그는 그 문제를 중요하게 생각했다.

173 **to make matters worse** 설상가상으로, 공교롭게도

설상가상으로 그의 아내가 아팠다.

174 **second to none** 어떤 것[누구]에도 뒤지지 않는

수학에 있어서 그는 누구에게도 뒤지지 않는다.

175 **be up to ~** (좋지 않은 일)을 꾀하다

그는 뭔가 좋지 않은 일을 꾸미고 있다.

Answers

- □ 171 I *owe* what I am today *to* my mother.
- □ 172 He *attached* great importance *to* the problem.
- □ 173 *To make matters worse*, his wife fell ill.
- □ 174 He is *second to none* in mathematics.
- □ 175 He *is up to* no good.

176 **to the contrary** 그것과는 다른, 그와 반대로

그는 반대되는 말을 했다.

177 **to the effect that ~** …라는 취지로

그는 그녀에게 만나고 싶다는 취지의 편지를 썼다.

178 **to *one's* taste** …의 마음에 드는, …의 취향에 맞는

토론하는 것은 내 취향이 아니다.

179 **to and fro** 여기저기, 이리저리

그는 그 가게 앞을 왔다갔다했다.

180 **next to** 거의 〈부정을 나타내는 단어 앞에 와서〉

오늘 그것을 끝낸다는 것은 거의 불가능하다.

Answers

- □ 176 He said something *to the contrary*.
- □ 177 He wrote her *to the effect that* he wanted to meet her.
- □ 178 Arguing is not *to my taste*.
- □ 179 He walked *to and fro* in front of the shop.
- □ 180 It's *next to* impossible to finish it today.

Unit 18 With

#32

181 **with ease** 쉽게, 간단히

그녀는 그 문제를 쉽게 풀었다.

182 **be with ~** …와 함께 있다, …에 근무하다

그는 그 회사에서 10년간 근무해 왔다.

183 **with a will** 신중히, 진정으로

그녀는 진지하게 연습하고 있었다.

184 **with difficulty** 간신히, 겨우

그는 간신히 숙제를 끝냈다.

185 **with all *one's* might** 전력을 다하여, 힘껏, 열심히

그는 전력을 다하여 달렸다.

Answers

- □ 181 She solved the problem *with ease*.
- □ 182 He has *been with* the company for ten years.
- □ 183 She was exercising *with a will*.
- □ 184 He finished his homework *with difficulty*.
- □ 185 He ran *with all his might*.

186 **cope with ~** …에 대처하다

우리는 대처해야 할 문제가 많다.

187 **present A with B** A에게 B를 선물하다

그는 그녀에게 꽃을 선물했다.

188 **identify A with B** A를 B와 동일시하다

나는 언제나 근면함과 인생의 성공을 동일시 해왔다.

189 **load A with B** A를 B로 채우다

그는 음식으로 배를 채웠다.

190 **with all ~** …에도 불구하고

그의 모든 결점에도 불구하고, 여전히 그를 사랑한다.

Answers

□ 186 We have a lot of problems to *cope with*.

□ 187 He *presented* her *with* flowers.
= He *presented* flowers *to* her.

□ 188 I have always *identified* hard work *with* success in life.

□ 189 He *loaded* his stomach *with* food.

□ 190 *With all* his faults, I love him still.

Unit 19 From

#33

191 from ~ [1] …에 근거하여, …에 따라

그는 기억을 더듬어 가면서 이야기했다.

192 from ~ [2] …으로, …의 결과로

그 군인은 부상으로 죽었다.

193 from ~ [3] …로부터 〈격리 · 해방〉

여기라면 비를 맞지 않는다.

194 refrain from ~ing …하는 것을 삼가다, 자제하다

여기서는 담배를 삼가 주십시오.

Answers

- □ 191 He spoke *from* memory.
- □ 192 The soldier died *from* a wound.
  ∗die of cancer 암으로 죽다
- □ 193 We are safe *from* the rain here.
- □ 194 Kindly *refrain from* smok*ing* here.

195 from day to day 날마다, 매일매일

그의 상태는 불안정해서, 매일매일 바뀐다.

196 from time to time 때때로

나는 때때로 딸과 산책을 한다.

197 from within 안에서

문은 안에서 잠겨 있었다.

198 go from bad to worse 점점 나빠지다, 악화되다 〈진행형으로〉

그의 건강 상태가 악화되고 있다.

199 protect A from B A를 B로부터 지키다

그녀는 햇볕으로부터 눈을 보호하려고 선글라스를 썼다.

Answers

- ☐ 195 His condition is unstable and changes *from day to day*.
- ☐ 196 I take a walk with my daughter *from time to time*.
- ☐ 197 The door was locked *from within*.
- ☐ 198 The condition of his disease is *going from bad to worse*.
- ☐ 199 She put on her sunglasses to *protect* her eyes *from* the sun.

Unit 20 Of

#34

200 **approve of ~** …을 승인하다, …에 찬성하다

나는 당신의 의견에 찬성합니다.

201 **die of ~** …으로 죽다

그는 노환으로 2년 전에 죽었다.

202 **accuse A of B** B로 A를 비난[고소]하다

그들은 선생님이 아이들에게 너무 엄격하다고 비난했다.

203 **inform A of B** A에게 B를 알리다

선생님에게 이 일을 알렸니?

Answers

□ 200 I *approve of* your opinion.

□ 201 He *died of* old age two years ago.

*사망의 원인이 직접적(부상 따위)일 때는 from을, 간접적(병, 노령 따위)일 때는 of를 쓴다.

□ 202 They *accused* the teacher *of* being too strict with the children.

□ 203 Did you *inform* your teacher *of* this?

204 **suspect A of B** A에게 B의 혐의를 두다

그가 뇌물을 받은 것은 아닌가 의심했다.

205 **of *one's* own** 자기 자신의

당신은 당신의 차를 가지고 있습니까?

206 **of *one's* (own) ~ing** 스스로 …한

그것은 너 스스로 자초한 문제다.

207 **of value** 가치있는 (= valuable)

과거는 우리에게 무엇인가 가르쳐 줄 때, 가치있게 된다

Answers

□ 204 I *suspected* him *of* taking a bribe.
∗take a bribe 뇌물을 받다

□ 205 Do you have a car *of your own*?

□ 206 It's a problem *of your own* mak*ing*.

□ 207 Our past is *of value* only when it teaches us something.

208 **of late** 최근에 = lately

최근 그녀에게서 소식을 듣지 못했다.

209 **명사 + of + a ~** (명사)같은 …

그는 천사같은 소년이다.

Answers

□ 208 I have not heard from her *of late*.

□ 209 He is an *angel of a* boy.